非常成长书
男孩版

那男孩真棒

勤奋优秀

晓玲叮当 编著

SPM 南方传媒 新世纪出版社
·广州·

目录

引　子 /1
动画之神 /2
心灵之光 /5
轮椅上的作家 /7
霍金的回答 /11
幽默的魅力 /13
幽默的力量 /16
童年的美食 /18
丢掉大鱼 /21
拳拳赤子心 /23
孩童赤子心 /27
生活艺术家 /29

经营生活 /33
水样的诗意 /35
诗意地栖居 /38
史上最"隐秘"的作家 /40
独处是件快乐的事 /44
生活是很好玩的 /46
从维熙的爱好 /49
像一块滚石 /51
活得精彩 /54
木铎有心 /56
坚守一片净土 /59
绽放的季节 /61

身高1.1米的音乐巨人 /65
跟自己较劲 /67
逃离舒适圈 /70
1855次失败 /72
跳出牛奶桶 /75
24号球衣 /77
大石头的磨炼 /81
"文坛硬汉"海明威 /83
钢铁是怎样炼成的 /86
勤奋的国画大师 /88
高尔基的"面包" /91
早起跑步的小说家 /93
做个自律的人 /96
印度良心 /98

谈良心 /101
农田里的科学家 /103
渔王 /106
朴实的学者 /108
最"美"的书桌 /111
"实心眼"文学大师 /113
"傻"马儿 /116
永远的大师 /118
真正的富豪 /121
写作小王子 /123
梅兰芳拜师 /126
人生难得是素心 /128
朴素是一种美德 /132

附录 做最棒男孩的二十五个法宝 /134

引 子

你的身边有无数的榜样，

他们身上最吸引人的地方，

不是勋章和奖牌，

而是那如金子般闪闪发亮的品质。

随我走进这座"名人展览馆"吧，

在信心激励站鼓鼓劲，

在心灵启迪站加加油。

终有一天，

你会成为最棒的男孩。

动画之神

他是一位童心未泯的老人，更是一位著名的动画师。他创作的作品，带给我们童年的回忆与感动，让我们找回心里最柔软的那个地方。

这个人，就是宫崎骏。

那年，宫崎骏正在紧锣密鼓地准备高考。一次偶然，他看了长篇动画《白蛇传》，从此以后，他对动画萌生了浓厚的兴趣。

上大学时，宫崎骏就读的学校并没有漫画社。但是，他独自默默地创作了许多漫画作品，并向不同的漫画出版社投稿。虽然那时，他并没有什么名气，但几年如一日的练习为他打下了扎实的绘画功底。

大学毕业之后，宫崎骏进入了日本著名的东映动画公司，开始了长达20年的"打工"生涯。

最初，他只能从公司底层的原画和设计工作做起。

在宫崎骏工作的第二年，他被俄罗斯制作的长篇动画《雪之女王》深深感动。这一次，他下定了决心，要将动画师当作

终生职业。

宫崎骏开始参与大量的动画设计，这时他累积的经验，为他的创作带来了许多新鲜的灵感。

38岁那年，他终于制作了自己人生的第一部动画——《鲁邦三世：卡里奥斯特罗之城》。4年后，他又和自己的好友共同创办了吉卜力工作室。

在无数个寂静的夜晚，宫崎骏伴

着一盏孤灯，刻苦作画。手稿旁，是一支支由长变短的铅笔，还有一团团被揉皱了的废纸。

慢慢地，宫崎骏迎来了动画制作生涯的春天。他的20多部温情动画相继被搬上了银幕。终于，在2014年，他获得了奥斯卡"终身成就奖"。

宫崎骏能取得这般成就跟他的创作风格密不可分。他的作品细腻感人，处处充盈着善良和真诚。

他就像一个纯真的孩子，用心在作画。在他的笔下，呆萌的龙猫可以变成巴士，飞过田野，翻过山冈，给你一份真挚的陪伴与帮助；纯真的魔女奇奇，可以在城市上空自由地穿梭，骑着扫帚，开始崭新的快乐之旅；善良勇敢的金鱼姬波妞，和人类小孩宗介成了朋友，收获了一段纯洁的友谊……

在宫崎骏创造的故事中，所有的人物都有一颗善良和真诚的心。因为善良，他们愿意包容丑恶；因为真诚，他们也愿意为别人付出。

他用这种最温柔的方式，向观众传递着人性的美好，让我们接纳这个世界的不完美，从善与恶交织的现实世界中看到希望，去热爱生命中的点点滴滴。

他是个天真的老人，虽已白发苍苍，满脸皱纹，却始终保持着一颗善良、真诚的少年心。

心灵之光

真诚与善良是人类最宝贵的品质。

桌上有一个玻璃杯,当它被装满水的时候,大家说这是水;当它被装满牛奶的时候,大家说这是牛奶。然而,我们却没有看到它的本质——它就是一个杯子。

人也是一样的,一旦我们被锦衣华服包裹住,被名誉地位牵制住,我们也许会因为过分在乎外在物质而忽略了内在的涵养。

在这个物欲横流的现实世界中,我们更应该去努力修炼自己的内心,坚守内心的善良和真诚。因为,真诚和善良是一个人最重要的美德,它们远胜容貌、金钱。

拥有真诚,便拥有了一笔可贵的财富,它让我们收获别人的信任、关怀和友爱;拥有善良,便拥有了一把开启世界的钥匙,心里充满着爱的人,能不断地给别人带来幸福。

亲爱的男孩,晓玲姐姐希望你不要太注意外在的物质条件,而是学着怎样做一个善良和真诚的人——关心含辛茹苦的父母,主动帮助别人,用真诚的心去结交朋友……在生活中,愿你永怀着一份真诚和一份善良。

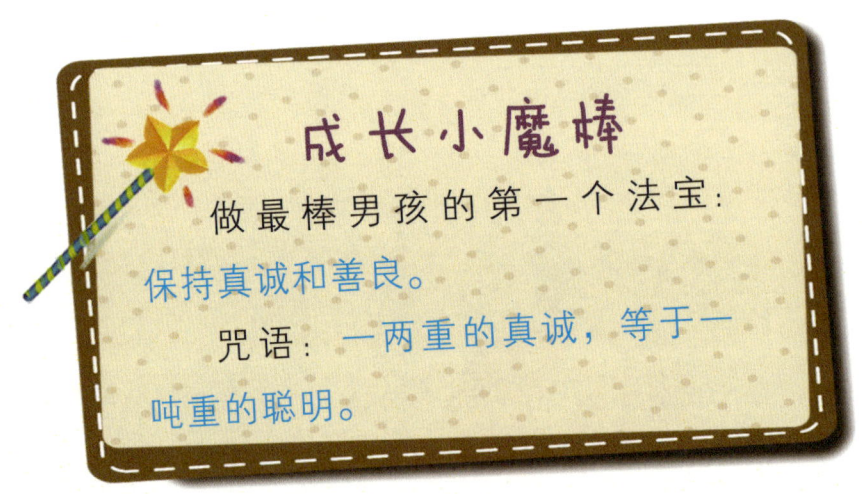

成长小魔棒

做最棒男孩的第一个法宝:

保持真诚和善良。

咒语:一两重的真诚,等于一吨重的聪明。

轮椅上的作家

地坛公园里,风儿飒飒,吹过合抱的古木,吹过斑驳的朱漆大门,吹过饱经风霜的石凳……这些地方,曾有一个年轻人摇着轮椅无数次经过。

那一年,他21岁,一场突如其来的大病导致他双腿瘫痪。一夜之间,他仿佛变成一只失去了翅膀的鸟儿,在人生最好的时光,他所有的梦想都一一破灭了。

双腿瘫痪后的很长一段时间里,这位年轻人找不到工作,生活的打击就像冰雹似的,噼里啪啦地全向他砸来。他感到十分苦闷,觉得自己是个废人,甚至还动过轻生的念头。

每当别人去上班的时候,他就摇着轮椅来到地坛公园。公园很大,年轻人找到一块僻静处停下来。这里没有人,只有在花间采蜜的蜂儿,地上搬运粮食的蚂蚁,草叶上扇动翅膀的瓢虫,仔细看,树枝上还有一个蝉的空壳。

日复一日,年轻人看着这一切,心中越发明净、透亮。他发现,以前的日子里,他从未认真地看过这个世界,每天匆匆又匆匆,哪有时间留给一朵花、一株草?反而是现在,日子慢

下来了,他有大把大把的时间去观察,去发现这个世界的美。

地坛公园的每一棵树下,每一块草地上,都留下了年轻人轮椅的印迹。他就静坐在一处,一连几个小时思考生与死的问题。这样想了好几年，他终于明白了——死是一件不用着急的事，反正所有人到最后都会死，不如现在好好活着。

在这段漫长又安静的时光里，各种各样的灵感在年轻人的脑海里打着转儿。

"快把我们写出来吧！"那些灵感兴奋地在他旁边耳语。一个念头在年轻人心中觉醒了。"我要写作。"他想。

于是，年轻人带着本子和笔，到公园里的一个角落，开始"爬格子"。有时，有人经过，年轻人便急忙把本子合上，怕别人凑过来看，说他写得不好。

这一点，他完全多虑了。当他的第一篇文章发表时，院子里经过的人对他说："真没想到你写得那么好！"年轻人听到这些赞美，高兴得一晚上都没睡着觉。对于一个不自信，又有点儿害羞的年轻人来说，这些赞美是多么重要啊！

年轻人像着了魔似的，他找到了活着的意义——写作。他的脑袋里充满了灵感，来来往往的人群在他脑袋里是一篇小说，全世界在他眼里都是一篇小说。他一篇篇地写，绞尽脑汁地构思情节，思考着生命的意义，他感到每天都过得充实、快乐。

他体验到的是生活的苦难，写出的却是生命的希望。他想用文字去告诉像他之前一样迷茫的人——活着，就有希望！

渐渐地，他的作品被越来越多的读者喜欢。读者中，有的是像他一样的残疾人，有的是迷茫的青年，有的是落魄的中年人……

　　他们被作者的乐观精神所感染，依靠这些作品度过了人生的艰难时刻。在这个浮躁的时代里，潜心写作的人少之又少，而像他这样，能写出叩问心灵之作的人更是屈指可数。

　　他叫史铁生，中国著名的作家、散文家。"华语文学传媒大奖"在给他的颁奖词中说："他的生命和他的写作完全连在了一起，他用残缺的身体，说出了最为健全而丰满的思想。"

霍金的回答

>当生活像一首歌那样轻快流畅时,笑颜常开乃易事;而在一切事都不妙时仍能微笑的人,是真正的乐观。
>
>——[德]威尔科克斯

霍金是当代著名的物理学家。21岁时,他被诊断患有肌萎缩性脊髓侧索硬化症,这注定了他将在轮椅上度过余生。

得病后,霍金并没有自暴自弃。相反,他表现得异常乐观,霍金说:"身体的残疾不等于精神的残疾。"

有一次,霍金演讲结束后,在记者提问的时间里,一位女记者尖锐地问道:"你得了这种病,就要永远待在轮椅上了,你觉得命运对你公平吗?"

霍金听后,嘴角上扬,微笑了一下。当时的霍金只有三根手指能动,他便用这三根手指敲击键盘,动作十分艰难,过了好一会儿,只见屏幕上出现了四句话:

我的手指还能活动;

我的大脑还能思考;

我有终生追求的理想;

我有爱我和我爱的亲人和朋友……

在别人以为霍金回答完了之后,他又在键盘上敲打起来,屏幕上出现了第五句话:

对了,我还有一颗感恩的心!

在场的人们纷纷鼓掌,他们被霍金乐观豁达的态度感动了。

亲爱的男孩,生活里有许多意想不到的挫折,会发生很多不尽如人意的事情,这个时候,请不要抱怨命运不公,不要怨天尤人。抱着积极乐观的态度面对人生,你会发现,那些挫折都是人生的磨难,越过它们,你会成为更好的自己。

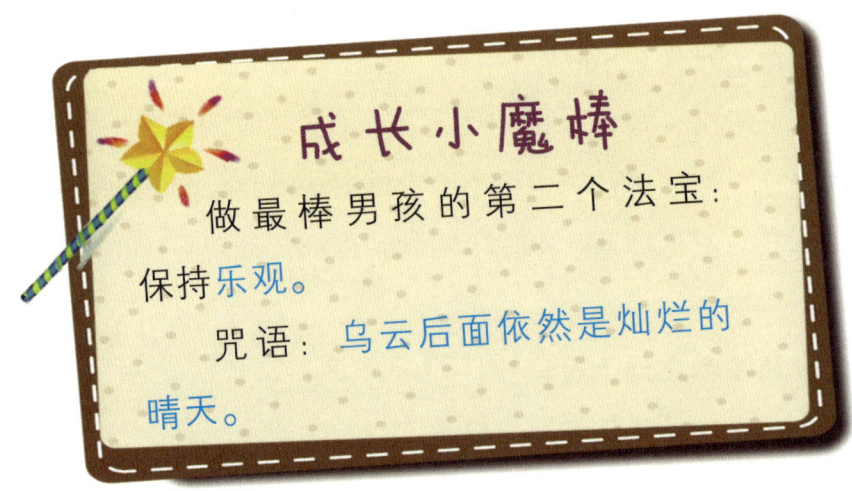

成长小魔棒

做最棒男孩的第二个法宝:保持乐观。

咒语:乌云后面依然是灿烂的晴天。

幽默的魅力

撒贝宁曾经是众人眼中一名一本正经的主持人,在《今日说法》《中国法制报道》等央视节目中,他都很严肃,不苟言笑。其实,他的骨子里充满了幽默。

当撒贝宁第一次上脱口秀的节目后,观众才恍然大悟——原来他是被主持人"耽误"了的段子手啊!随后,撒贝宁开始活跃在各大综艺的舞台上。

撒贝宁从小就有舞台表演的天赋。他频繁地参加各种演讲、歌唱比赛,练就了一流的口才。在北京大学读完法律专业后,他开始了长达19年的央视主持生涯。在这段时间里,他接触到各行各业的人才,深刻了解了人间百味,他的世界变得丰富起来。也正因如此,他的幽默并不是流于表面的哗众取宠。

节目上各种尴尬的场面,经撒贝宁的"利嘴"一解说,气氛马上就能变得轻松活跃起来。

有一次,林丹参加撒贝宁主持的节目《开讲啦》。在演讲时,林丹有点儿紧张,他在舞台上走来走去。这时,撒贝宁模仿起林丹踱步的样子,打趣道:"运动员就是不一样,随时在准备对抗的状态。"这话惹得观众捧腹大笑，巧妙地化解了冷场局面。

他似乎天生就是一个擅长"打圆场"的人，说话总是恰到好处。在"金鹰电视节"开幕式上，撒贝宁、何炅、汪涵、华少和朱军同台"斗嘴"。现场有一个环节，要求五位主持人分别根据自己抽到的物品说出对金鹰节的祝福。撒贝宁当时抽到一只鸭子，他灵机一动，说："你看它现在是一只鸭子，长大以后就是金鹰（精英）。"

撒贝宁既是观众的开心果，又是年轻人的心灵指引者，这

都得益于他的幽默感。他在向观众传递欢乐的同时，也让身边的人感受到满满的善意。

在《了不起的挑战》中，撒贝宁化身为"撒贝闹"，搞怪和调侃样样都会，但他身上始终透露着一股正能量。

在其中一期节目中，撒贝宁认识了一位从事高危工作的朱师傅，他的工作是捡拾悬崖的垃圾。节目组给了撒贝宁一个挑战，就是跟着朱师傅体验一次这项高危工作。那天还下起了大雨，使得挑战变得更加艰辛。完成了挑战后，撒贝宁在镜头前深深地鞠了一躬，呼吁大家不要在景区乱扔垃圾。

《放学别走》里的撒贝宁化身一个学校的传达室大爷，他在节目里插科打诨，和小朋友们闹成一片。

同时，撒贝宁也用青少年乐于接受的方式，为他们道明了正确的价值观。比如，告诉青少年应该怎么正确地"追星"，怎么和父母沟通，如何自我保护。

不管是活跃节目气氛，还是传递正能量，只要有撒贝宁在，观众永远不会感觉无聊。因为他不仅是一个"名嘴段子手"，歌也唱得不错，还有很高的舞蹈天赋……他的各种才华配上恰到好处的幽默感，让他成了观众心中的"综艺小王子"。

撒贝宁总能带给我们新的惊喜，他可以是一个认真优秀的央视主持人，也可以是一个幽默有趣的综艺人。他的每一次节目主持，每一次角色扮演，都让我们对他的"幽默"有了更深的印象，这或许就是他与生俱来的个人魅力吧！

幽默的力量

幽默，能让你的人生变得更加轻松有趣。

幽默是一种生活艺术，它能让我们与别人的交往更加融洽和轻松。我们初次约见一个陌生人，或许会因为不知该说什么而觉得尴尬。如果这时，对方抛出一个话题，你能用幽默的方式巧妙回答，往往会让对方会心一笑，使谈话变得自然，也拉近了彼此的距离。

幽默还是一味很好的"缓和剂"。当我们和别人发生冲突时，如果以硬碰硬的方式去表达自己的观点，常常会令双方都不愉快。例如，在挤着上公交时，有人在骂骂咧咧地抱怨别人，而此时如果你能来一句："别再挤了，我又不是牛，没奶！"这样说不定能缓解紧张的气氛。

自嘲也是一种幽默。每个人都有许多不完美的地方，但是有的人就喜欢嘲笑这些不完美。假如你被他人嘲笑："你真黑！"你可以回答说："因为我牙白呀！"这小小的幽默不仅会打消他人再次嘲笑你的念头，还可能会博得他人的好感。

幽默的人是社交小能手，总是能带给身边的人各种各样的欢乐。幽默的人会更加乐观地面对生活,他们总能为生活调出更多的色彩。亲爱的男孩,愿幽默在你的生活中散发幽幽的花香,陪伴你健康快乐地成长。

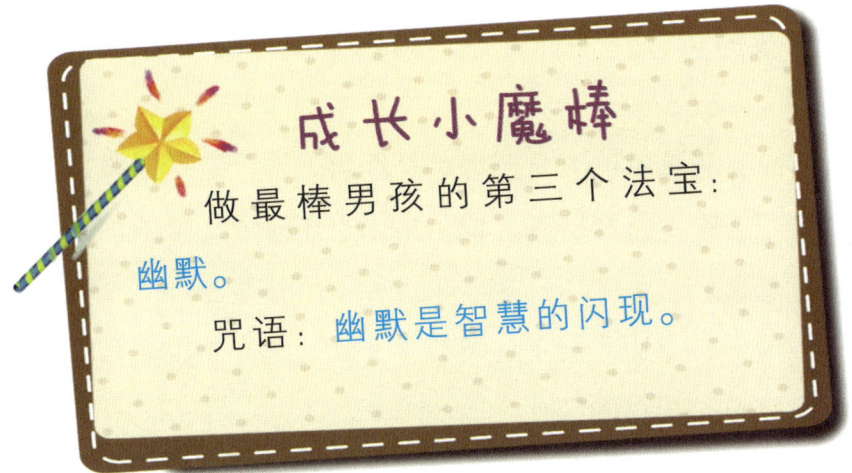

成长小魔棒

做最棒男孩的第三个法宝:幽默。

咒语:幽默是智慧的闪现。

童年的美食

在一个小县城里,有一个可爱的男孩出生了。

男孩的爸爸在外面开船,妈妈在家种地,日子过得很清苦。

平时,男孩家的一日三餐都是红薯,早饭是煮红薯,午饭是红薯干,晚上是红薯粥,偶尔桌子上还有炒红薯茎,男孩总是在吃红薯。

有时候,家里人会把红薯熬上一天,熬成黑黑黏黏的红薯糖,这就算是男孩的零食了。

老是吃红薯,男孩可受不了,他自有办法打打牙祭。

夏天,男孩和小伙伴们钻进玉米地,寻找甜味的玉米秆子。甜味玉米秆子的味道很像甘蔗,男孩嚼着甜味玉米秆子,因为这小小的收获,心里很是满足。对男孩来说,寻找甜味玉米秆子的过程很有趣,就像在玩一个寻宝游戏。

在寻找"野味"的过程中,男孩还闹过一个大笑话。在田里麦穗还是青色的时候,男孩和小伙伴们摘下一些麦穗,放在火上烤。火舌舔舐着麦穗,很快就把麦穗烧焦了。

这群小伙伴一点也不在意,拿起烤焦的麦穗就往嘴里放,吃得满嘴乌黑。老师知道了这件事,告诉他们烧焦的食物会致癌的。男孩会错了意,以为老师说的是"治癌"。

"这还能治疗癌症呢,真棒!"男孩想。

于是,男孩吃得更起劲了。后来,男孩弄清楚老师的意思了,真是哭笑不得。

男孩的父亲常年在外面开船,一年回家的次数极少。每次回家,父亲都会带回一大筐男孩最爱吃的柿饼,有二三十斤重。男孩舍不得吃,每次只掰一小块在嘴里嚼,一筐柿饼

可以吃好几个月。在男孩心里，每个有柿饼的日子，都是无比甜蜜的日子。

春节是男孩最喜欢的节日，原因很简单——春节的时候有肉吃。外婆会把一块肥肉切成小小的丁，放到锅里，炼成白花花的猪油。外婆把猪油封在罐子里，等下次做饭时用。

春节过后的一段时间里，餐桌上都有美味的猪油蒸米饭。男孩吃完米饭，还要用水涮一下碗里的油花，"咕噜咕噜"把油水喝下肚，连牙齿缝里都是猪油的香！

猪油蒸米饭是男孩一年中最期待的美食，只要想到那白花花、香喷喷的米饭，男孩即使嚼着红薯，也觉得日子分外有盼头。

男孩的童年，就这样被几根甜味玉米秆子、几把麦穗、几块柿饼、几碗猪油蒸米饭填满了，偶尔吃到这些美食，男孩就很满足。生活本是苦的，男孩却从中尝出了甜味和香味。对他来说，快乐的秘诀就是容易满足。

长大后，男孩成为著名的企业家，他的成功离不开童年的美食，因为那些美食教会他要保持一颗知足常乐的心。

丢掉大鱼

唯有懂得知足常乐的人才能体会到真正的快乐。

有个人在湖边钓鱼，旁边有几名围观者。

钓者技艺高超，不一会儿就钓上来一条一米长的大鱼。围观者不禁拍手叫好。

令人想不到的是，钓者竟然解下鱼嘴上的鱼钩，把鱼丢回湖中。

"这么大的鱼他都看不上，一定是要钓更大的鱼！"一名围观者惊叹道。

又过了一会儿，钓者再次钓上来一条不到一米的鱼，这次的鱼和上次差不多大。钓者看了看鱼，摇摇头，又把鱼丢进了湖水中。

第三次，钓者收竿，鱼钩上挂着一条小鱼。小鱼比上两次的鱼小很多，还不到半米长。

围观的人以为钓者又要把鱼丢进湖里。想不到,钓者竟然把小鱼收进了鱼篓里。

"你为什么不要大鱼,只要小鱼?"围观者好奇地问钓者。

钓者笑着回答:"哈哈,我家里最长的盘子,只有三十厘米长,太大的鱼,盘子装不下,小鱼,倒是挺合适。"

亲爱的男孩,快乐的秘诀就是知足。不是你拥有的越多,你就越感到幸福,而是你越容易满足,你就越能体会到快乐的感觉。唯有懂得知足常乐的人才能体会到真正的快乐。

成长小魔棒

做最棒男孩的第四个法宝:知足常乐。

咒语:快乐的秘诀就是容易满足。

拳拳赤子心

在余光中台湾高雄的家里，挂着一张老照片。照片上的他已是一位垂垂老者，岁月的风霜染白了他的头发，他的眼角堆满了细密的皱纹。可老人却如孩童般活泼，他挂在树上，双手握着树杈，脸上的笑容比春光还灿烂。

这就是余光中，他一辈子坎坷波折，内心却依然保持对生活的热情。

余光中生于南京。在他的童年记忆里，没有甜甜的糖果和巷子里的欢笑，只有飞机隆隆飞过的声音。九岁的他跟着母亲，从南京辗转来到上海，又迁往重庆，一路艰险，最终定居台湾。

战争并没有让余光中颓丧，他发奋学习，后来被台湾大学外文系录取。在这里，他努力研究现代诗歌创作，还发表了不少作品。

余光中孜孜不倦地汲取文学知识，对文学创作抱着极大的热情。他的诗歌、散文、评论、翻译都获得了很高的赞誉，尤其是他那情真意切的诗歌。

都说爱写诗的人，总能保持一颗赤诚的孩童之心。余光中便是这样的人，他对诗倾注的爱是纯净的。

思念故土的时候，他写诗；思恋爱人的时候，他也写诗。他将拨动心弦的情感都诉诸笔墨，让其变成了纸间流动的音符。

他喜欢用温情款款的文字，记录自己最深刻的生活经历，带读者走过战争年代的炮火，走过自然山水，走过喧哗都市，走过祖国的星空，走过异国他乡的秋风……

虽然余光中半生漂泊，但他的爱情却坚如磐石。28岁那年，他和范我存结婚，一牵手就是一辈子。

余光中和范我存经常结伴旅行。他们的旅行装备很简单，通常只有一辆汽车和一张地图，但简单的装备并不会减少他们旅途的乐趣。

他们的分工很明确，余光中负责开车，而范我存的方向感极好，所以她总是负责看地图，"指挥"方向。两个人一路上有说有笑，享受着绝妙的异地风光。

到了晚年，孩子各自成家，这对于范我存来说，日子变得悠闲而略显无聊。于是，余光中鼓励范我存拾起年轻时丢失的艺术梦想，学会充实自己的生活。没多久，范我存就通过考试，成为高雄市美术馆的一名工作人员。

过了一段时间，范我存又喜欢上了摄影，余光中连忙将一个摄影师朋友介绍给她当老师。后来，范我存走到哪儿，就拍到哪儿，余光中看到这些有趣的照片，便会在一旁配上文字。夫妻俩琴瑟和鸣，岁月静好。

青春一点点在余光中脸上流逝，他的心却从未老去，他的率真也每每让人忍俊不禁。

有一次，余光中夫妇受邀回到祖籍永春县的"余光中文学馆"参观。中途休息时，余光中发现自己喝茶的茶杯会"变色"。滚烫的开水流进茶杯后，杯子的颜色竟然由红色变成了雪白色。余光中像发现了新大陆一样，惊奇地感叹道："像孙猴子一样！"他还赶紧把范我存叫过来，和她分享这个趣事。

余光中回到永春县，见了阔别多年的堂哥。两个古稀老人回忆着儿时的事，聊起家乡山上的五棵荔枝树，不一会儿，还像孩子一样"争论"了起来。

余光中说自己小时候爬过荔枝树，他的堂哥立马反驳了他，最后谁也没办法说服对方。过了十几年，他们兄弟俩再次见面，结果还在争"爬树"的事。余光中只好写了一首《五株荔树》，然后特地把这首诗寄回"余光中文学馆"，以此来证明当年是爬上过树的。

生活从未带走余光中的激情，从青葱的少年到白发苍苍的老年，余光中始终怀着一颗赤子之心，他的事业、爱情和生活都散发着馥郁芬芳。

孩童赤子心

> 大人者，不失其赤子之心者也。

什么是赤子之心？赤子之心，就是一颗纯真、善良、热爱生命的心。

毕加索说："我在十几岁时画画就像个古代大师，但我花了一辈子学习怎样像孩子那样画画。"

很多人在长大的过程中，会越发地怀念自己的小时候。这时他们才发现，原来孩童的自己那颗澄澈的心有多么珍贵！

童年里的几张漫画、一颗糖、一个气球，都是快乐的源泉。可长大后，人们得到这些小东西很容易，获得快乐却似乎有点儿难，因为烦恼似乎总比快乐多。其实，获得快乐并不难，难的是始终保持着一颗简单、纯洁的心。

著名翻译家傅雷在家书中对自己的孩子叮嘱道："永远保持一颗赤子之心，到老也不会落伍。"

是呀，正因为怀着赤子之心，才能够感受到人间最美好、最真挚的感情，才可以结识同样心灵相通的知音好友。亲爱的男孩，千万不要让你的赤子之心从你的身体里溜走啊！

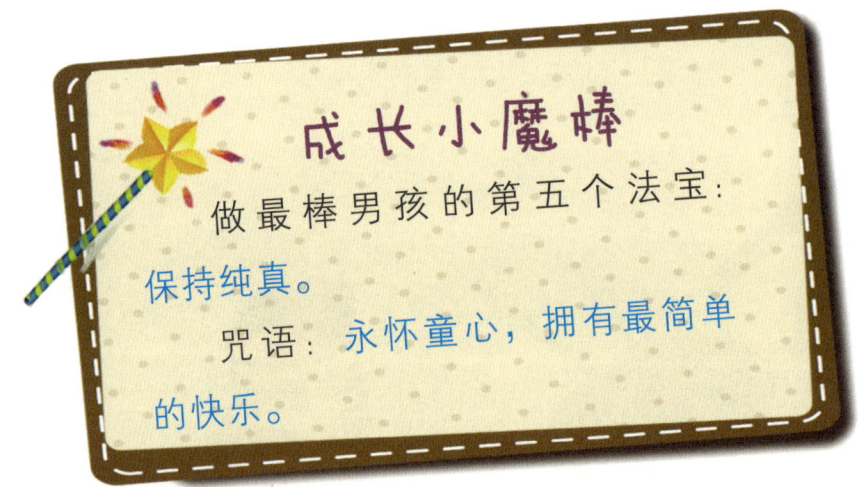

成长小魔棒

做最棒男孩的第五个法宝：保持纯真。

咒语：永怀童心，拥有最简单的快乐。

生活艺术家

李健说:"迷茫时,就去寻找生活中的乐趣。"

在他的生命中,不能没有音乐。音乐,就是他生活的动力来源,是他生活的意义所在。

童年时期,李健的父亲是名京剧武生,他带领着李健学习了五六年的京剧。可是,李健终究还是没有爱上京剧。

直到初中,李健偶然看了电影《路边吉他队》。从此以后,他的业余生活几乎全被吉他所占据。带着母亲送的红棉吉他,李健度过了六年愉快的中学时光。

成绩优异的李健顺利地被保送进清华大学。然而,就读于并不喜欢的电子工程系,他慢慢意识到,音乐才是自己所热爱的,是自己生活中不可或缺的。

大学时光匆匆而过,但李健不辜负青葱岁月,生活亦不负他。从辅修音乐课程,到加入合唱团,之后担任九支乐队的吉他伴奏,李健把自己的音乐才能发挥得淋漓尽致。

大学毕业后,李健成为一名网络工程师。第二年,李健放弃了网络工程师的工作,告别了不如意的日子。他再次拾起了音乐的梦想。他与老友卢庚戌，二人组成"水木年华"组合。仅仅五个月，随着专辑《一生有你》的推出，这个组合红极一时。

成为歌手的李健更加痴迷音乐，在音乐世界里不断突破自我。

为了坚持自己的音乐风格，李健在"水木年华"最火的时候选择了主动退出。退出之后，他找了间破旧的四合院居住，一住便是五年，虽然生活清苦，却也能苦中作乐。

李健那颗对生活饱含热情的心，让那段艰苦的时光变得饶有趣味。

冬天一到，四合院变得更加寒冷。为了驱散寒意，李健不得不生锅炉，修理被冻坏的水管。日子清冷，他却能制造乐趣，在生锅炉时研究锅炉的运作，修水管时研究水泵的原理。

面对艰苦的生活，他都能做到真正的豁达。甚至，他还能用音乐"取暖"。伴随着婉转的旋律，歌曲《温暖》如一股暖流，流进听众的心间。他真诚地对待着每一个作品，诚挚地拥抱生活。

于是，屋子变得暖和了，冬天变得友善了，无聊的生活焕发生趣。

2010年的央视春晚，天后王菲演唱了李健的《传奇》，埋头写歌的李健，终于重新走进人们的视线中。五年后，参加了《我是歌手》的李健，终于迎来了音乐事业的春天。

自从有了音乐相伴，李健不再迷茫。他把自己的生活点滴和处事态度，隐藏在音乐之中，平淡中流露真情，朴素中显露温柔。他认为自己的社会身份就是"音乐人"，宛如娱乐圈中的一股清流，李健拒绝了真人秀，拒绝了拍电影和广告通告，将名利与生活完完全全地隔开。

他过着简单到极致的生活，只做自己喜欢的音乐。"真正的智慧源于生活，生活艺术家才是真正的艺术家。"李健在清华大学的演讲中如是说。

李健就是当之无愧的生活艺术家。纵然尘世喧嚣浮躁，他依旧坚持安静地做着音乐，执着地守护着内心的一片净土，用心地享受着生活中的每一刻。他低吟浅唱，把生活过成诗，写成歌，作成曲……

经营生活

每一个不曾起舞的日子,都是对生命的辜负。

——[德]尼采

生活,是柴米油盐酱醋茶,更是琴棋书画诗酒花。学会生活,就是学会经营生活的每一天,学会享受生活的每一秒。

学会经营生活,就是在有限的时间里,创造无限的可能。你的生活,应该是自由而有趣的。因此,做自己喜欢的事情来换取内心的欢愉,以自己喜欢的方式过好每一天,努力地实现自己想要的生活,才算是不虚度光阴。

学会享受生活,就是在平淡的时光中挖掘美好的存在。生

活中，总会出现一些并不美妙的音符。所以，你一定要学会调整好自己的心态，以一颗平常心去对待生活，珍惜每一段历程。

生活就像是一片大海，有时风平浪静，有时波涛汹涌。而你，应该是掌舵的船长。你要学会勇敢地面对这片未知的海域，并善于发现这片海域的美好。

亲爱的男孩，你的生活就掌握在你自己的手中。生活可以很有趣，你也可以成为最好的自己，只要你好好地体会其中的酸甜苦辣，珍惜生活给予你的一切。

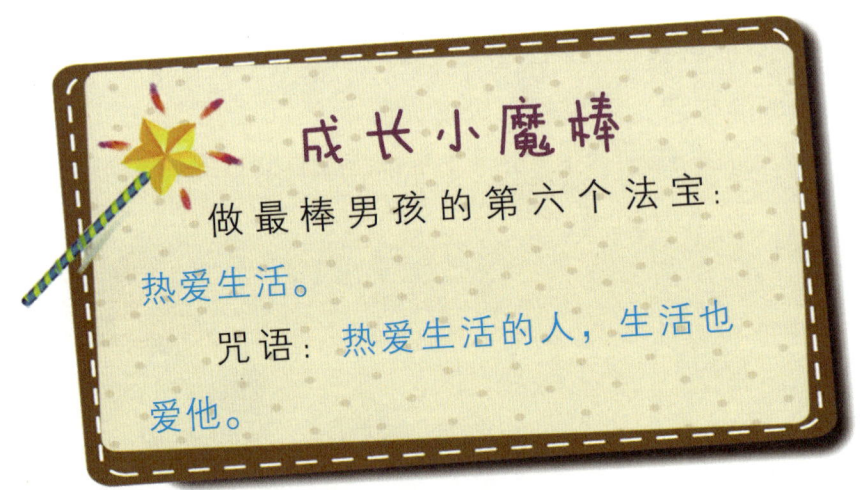

成长小魔棒

做最棒男孩的第六个法宝：热爱生活。

咒语：热爱生活的人，生活也爱他。

水样的诗意

汪曾祺说过:"沈从文在一条长达千里的沅水上生活了一辈子。"的确,水是沈从文的魂,他的一生都浸泡在湘西的沅水里。渐渐地,他也浸染了水的柔情,水的浪漫,水的诗意。

年少时,沈从文在私塾上学。他不喜欢那种紧张的读书环境,总是想方设法到大自然里玩耍。拾干草、抓蚱蜢,野火烤食……在一场尽兴的"狂欢"之后,他还要和小伙伴们脱光身子,到河里泡一泡水,他认为这才是真正的快乐。

他如此爱水,命运便为他安排了一条河流。他的青年生活几乎是在辰河边度过的,他的喜怒哀乐与河密不可分。他在河水的各样船只上消磨时光,渐渐地明白了人情世故,开了眼界。

"水文化"所孕育的丰富内涵,熏陶着沈从文,给他的生命中注入了自然、纯净和诗意的审美。他的爱情也正是受益于此。

26岁那年,沈从文对张兆和一见钟情。他把对张兆和的情意写进情书里,尽情地倾诉心中的爱慕。那一封接着一封的情书,是纸笔间跳动的诗。

起初,张兆和没有同意,农家出身的沈从文和身世显赫的张兆和并不门当户对,但随着沈从文一轮轮"诗衣炮弹"的轰炸,渐渐地,张兆和冷淡的态度软化了,最终答应了他的求婚。

在婚后的小别离中,沈从文也依旧不改"以诗传情"的浪漫。有一次,他在返乡的小船上,伴着阵阵摇橹声,一边愉悦地欣赏着路边的风景,一边给爱妻写信。他说:"我就这样一面看水一面想你。"

沈从文用他骨子里的诗情感动了妻子，更把这种诗情诠释在他的作品里，触动了千千万万个现实中的灵魂。

他笔下所呈现出的自然环境和日常生活琐碎，都带着诗意的美好。

在他的《边城》里，少女翠翠诗意地摇着橹、划着船，水中荡漾着祖孙间真挚的亲情，男女间纯洁的爱情，还有那回归自然的人性……在他的《湘行散记》中，湘西的人和事，都晕染着一种自然的乡土气息，既简单纯净，又带着诗化的烟火味道。

他的语言就像一首田园小诗，没有任何做作的雕饰，看似信手拈来，简单直白，却能把人物内心的情感深深地融入其中，让人陶醉，流连忘返。

或许正是因为沈从文对故土深深的热爱，这股热爱在他心中升华，成了他心中一方不可亵渎的圣土。而这方富有诗意的圣土，慰藉了坎坷一生的沈从文。

告别文坛后，沈从文与历史博物馆为伴，为文物整理做了重大贡献。在别人看来，文物整理是一份枯燥又无聊的工作，但他却从一块石头、一片竹木、一块铜片上，找到了生活的乐趣。在这儿，他度过了生命中的最后一段时光。

沈从文的一生，流淌着湘西那充满柔情和诗意的水。这诗意之水，浇灌了他的爱情之花，浸染了他的文学作品，也滋润了他的点滴岁月。

诗意地栖居

诗意，能美化生活。

东晋诗人陶渊明，是一个极富有诗意的人。

陶渊明年少学琴，常常以抚琴寄托自己的情感。一张素琴，没有任何装饰，他却能弹出人生意趣。他经常在陋室之中，边抚琴边读书边饮酒，他觉得这就是生命里最美好的时光，皇帝的日子也不如他惬意。

陶渊明不喜欢仕途的拘束，他辞官回家后，过起了惬意的田园生活。他在屋前种桃李，在屋后种榆柳，看着炊烟袅袅升起，听着小狗在巷子中叫……这一切都令他心生欢喜。

陶渊明纵情山水，醉心于自然风光。他悠然自得地采菊赏菊，欣赏日光西斜、鸟儿归巢的景象；他逍遥自在地在山间远足，用清冽的泉水洗脚……他找到了自己真正的精神依托。

陶渊明的生活虽然清贫，却依然活得有滋有味。他每天看的是寻常的乡村景物，但在他的笔下，这一切都有着"桃花源"般的美。因为他心中有诗，所以万物皆美。

诗意，能让我们的生活变得有趣味。亲爱的男孩，愿你拥有一双"诗眼"，一颗"诗心"。在你疲乏的时候，它能带你重新认识这个世界，去发现日常细微之处的美；在你失意的时候，它能净化你的心灵，让你重新拥有勇气。

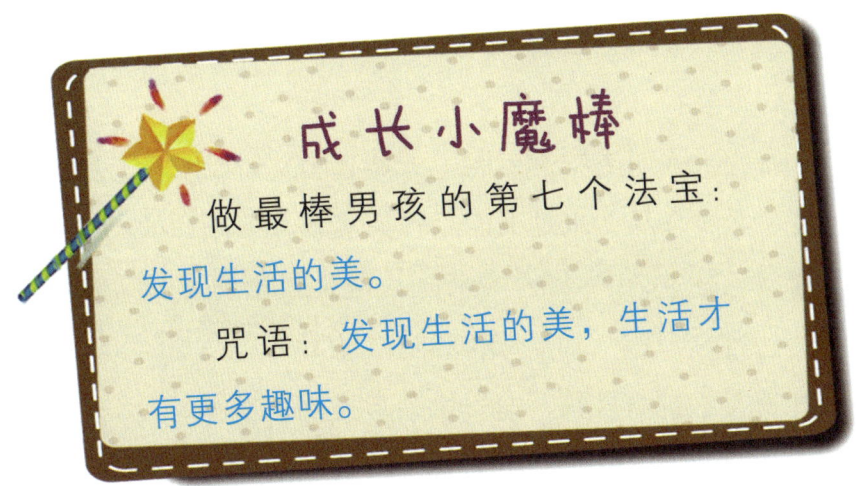

成长小魔棒

做最棒男孩的第七个法宝：发现生活的美。

咒语：发现生活的美，生活才有更多趣味。

史上最"隐秘"的作家

在一个叫康沃尔的偏僻小镇上,有一座孤零零的木屋。

那里很静很静,密林和高墙隔开了喧嚣,将寂静围拢在那座木屋里,造访木屋的只有风和飞鸟。

你一定会好奇,这座木屋的主人是谁?他为何能忍受这与世隔绝的寂静?

木屋的主人叫杰罗姆·大卫·塞林格,《麦田里的守望者》是他最著名的作品,也是美国当代文学最经典的作品之一。

塞林格出生在一个犹太家庭,他上过军事学校,卖过火腿,参加过"二战",这些丰富的生活经历是他创作的沃土,让他有源源不断的灵感。他先给杂志投稿,接着又写了一些以战争为题材的书,慢慢成长为一位作家。

他用十年时间写出了《麦田里的守望者》,故事里的主人公霍尔顿的自述表现了一代年轻人的焦虑和恐惧,而这本书则为读者脆弱的心灵提供了"庇护所"。

这本书出版后,在社会上的反响极大,塞林格一举成名。

很多作家出名之后,会趁机大做宣传,让大众更加熟知自己,以收获更大的名望和利益。

塞林格却没有这么做。他一贯擅长在作品中建造人心的幽境,这一次,他把幽境建立在了现实之中。

《麦田里的守望者》出版后,塞林格在小山上建了一座木屋。木屋环境幽静,是个写作的好地方。

起初的时候,塞林格并没有与世隔绝。他会接待一些中学生,让他们在家中用餐、听音乐和闲聊。

学生们趁着这个机会,好好采访了一下这位神秘的作家。他们问了塞林格一些关于作品的问题,塞林格耐心地一一作答。

得到答案后,学生们承诺只将塞林格的言论发表在校报上,不会透露给其他媒体。

可是,在金钱的诱惑下,学生们最终还是食言了。他们把塞林格的信息卖给了一家主流媒体,该媒体把这份信息以"独家新闻"的形式发表了出来。

塞林格得知真相后,十分失望和气愤,复杂的情绪让他久久不能平静。

一气之下,他把自己的房屋用高墙和铁丝网围了起来。为了不让外界打扰自己,他在林子前立了一块"禁止非法侵入"的标志牌,还养了一只看门狗。

从那之后，他的家对外界关闭了，他的心更是"闭门谢客"了。他拒绝一切采访，十分痛恨那些传播流言的媒体。

在塞林格严密的"防范"下，即使最有经验的"狗仔"出马，也偷拍不到塞林格的正面照。

"直到我完成了我所要做的事情之前，休想再打搅我。"塞林格说。

在长达半个世纪的时光里，塞林格始终保持沉默，他拒绝出版任何作品，只为自己写作。

"不出版作品有一种不可思议的平静。出版是对隐私可怕的入侵。我喜欢写作。我热爱写作。但是我只为我自己写，只为我自身的愉悦而写。"塞林格说。

塞林格待在那座与世隔绝的木屋里，拥有更多的自由。他看书、写作和思考，有时还会长时间发呆，他可以随心而活，不受世俗的羁绊。

他感到孤独吗？不，他从未觉得孤独。一个可以在灵魂深处与自己对话的人，从来不需要通过世俗的交往去驱赶孤独感，他有自己就足够了。

这位史上最"隐秘"的作家，他的一生在无言的寂静中谢幕了，然而，他的作品却在无数读者心里激起一阵阵巨大的回响。

独处是件快乐的事

心灵和胃一样，需要休息和复原，独处便是心灵的休养方式。

亲爱的男孩，也许你喜欢热闹的群体活动，喜欢拥有观众和掌声，喜欢在众人面前谈笑风生，但请记住，一定要留给自己独处的时间。

周国平说，心灵和胃一样，需要休息和复原，独处便是心灵的休养方式。

交往是一种能力，独处也是一种能力。一个人如果在喧嚣中待得太久，就会变得浮躁，干什么都静不下心来。这时，他便需要一段独处的时间，在安静中反思和沉淀自己。

那么，该怎样度过独处的时光呢？

不要害怕独处，独处是充实灵魂的良药。独处的时候，

你可以做很多有意义的事。

你可以在图书馆里静静读一本好书,品味其中的哲理,丰盈自己的思想;你可以一个人去旅行,在旅途中游览大好河山,丰富自己的眼界;你可以伏案写作,记录生活中那些美好的事物,充实自己的内心……

总之,独处不是件无聊的事。有些事情,适合在安静中完成。学会独处,可以找到与内心沟通的新方式,可以学会换一个角度思考,在迷茫中找到自己的人生航标。

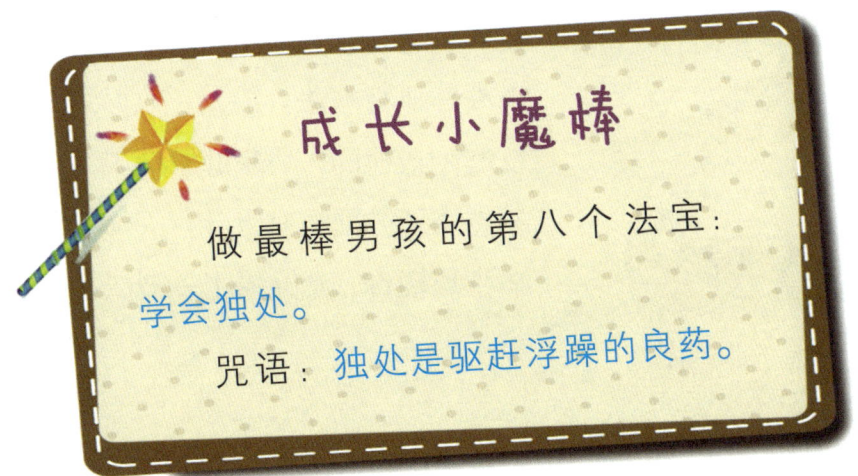

成长小魔棒

做最棒男孩的第八个法宝:

学会独处。

咒语:独处是驱赶浮躁的良药。

生活是很好玩的

对许多人而言,生活就如同白开水一般,平淡无味。

有一个人却说:"生活是很好玩的。"这个人便是著名作家汪曾祺先生。在他看来,想要生活变得好玩,首先得有业余爱好。

11岁的那年暑假,汪曾祺的祖父兴致勃勃地拿出一本《论语》,亲自教导他写书法。那天,他得到了祖父奖励给他的一块猪肝紫端砚。汪曾祺在书法方面很有天分,年幼的他捧着那块砚台,从此爱上了书法。

长大后的汪曾祺,常常在闲暇时把书桌上的书籍、信函挪到一边,摊开一张纸,开始练书法。汪曾祺练的字大多是飞扬潇洒的行书,他说,写字真的太吃力了。

有一次,汪曾祺喝了点小酒,突然来了写字的兴致,那字写得真是龙飞凤舞。汪曾祺瞧着那幅书法,笑得畅快不已,心中也跟着感叹:"生活真好玩!"

汪曾祺的另一个业余爱好是画画。

他的父亲是个画家,小时候,汪曾祺总爱趴在桌子旁边看父亲画画。久而久之,他就学会了一点儿画画的"皮毛"。

上初二时,汪曾祺画了一幅《墨荷》,得到了大家的赞誉,还被裱起来挂在了成绩展览室里。但是,后来上了高中和大学,汪曾祺的学习生活很忙碌,画画这个业余爱好就被他抛到脑后。

直到汪曾祺工作后,一个奇妙的体验重新牵起了他和画画的缘分。

那时的他总是没完没了地工作,写东西。烦闷的他在外出散步时,突发奇想,买了一沓元书纸回来。当他再次陷入烦躁之际,他会拾起画笔,在买回来的元书纸上瞎涂抹一通,把心中的郁闷都排解了出来。

汪曾祺就这样重新拾起了画笔，开始画画。和他热爱写字一样，画画也是随性的消遣。他的画，大多是"写意"，用最简练的笔触，把自己的感情抒发在画里。

汪曾祺还有一个业余爱好，那便是做菜。

有趣的生活必然少不了"吃"。他每到一个新的地方，必定先去找当地的美食。他最喜欢做的一件事是逛菜市场，走在菜摊、肉贩之间，感受鲜活的生活气息。

汪曾祺常常做菜招待他的朋友，他做的菜总是让朋友回味无穷。有一次，他给一位从美国回来的朋友做了一道"煮干丝"，那是在美国吃不到的一道淮扬菜。朋友吃到最后，就连碗底的汤都喝得一口不剩，吃完后还一直赞不绝口。汪曾祺的厨艺这么好，都是他"钻研"的结果，吃到好吃的菜，他就回来自己琢磨着做，他喜欢吃冰糖肘子、腐乳肉，一开始做得很难吃，做好多次之后他才掌握了诀窍，做出了好吃的冰糖肘子和腐乳肉。

难怪汪曾祺会说："生活是很好玩的。"他的这些业余爱好就如同调味剂一般，给平淡的白开水加入了丰富多样的味道。

从维熙的爱好

爱好可以丰富心灵,为生活添加滋味。

从维熙先生是中国一位富有传奇色彩的作家。那么,你一定觉得他作为一位作家,生活里只有读书和写作吧?

其实,他的业余爱好可多了。体育、音乐全是他生活当中的"调味剂"。

他特别爱看足球比赛,每当中国足球队赢得胜利,他就开

心得如同一个得了糖果的孩子。有时候，长时间的写作让他感到疲惫，但只要他站起来开始锻炼，所有的疲惫似乎都会在一瞬间消失。

年轻时，从维熙先生对音乐很迷恋，还学过钢琴。只可惜他的手指太短，不适合弹奏钢琴。虽然如此，他对音乐还是一如既往地喜爱。闲暇时，他总是眯着眼睛坐在窗边，听一听收音机里的音乐。每回听听音乐，他的心情就会舒坦许多。

从维熙先生的一生中经历了不少悲伤的事情，幸好有这些爱好，帮他驱走了心灵的阴影，让他的生活变得缤纷起来。

亲爱的男孩，当你全心沉浸在自己的爱好里，愉悦地做某件事的时候，你会发现整个世界都变得美好起来。爱好是平淡生活中的"调味剂"。拥有爱好，可以让人爱上生活，获得精神上的满足。有爱好的人会更加快乐。

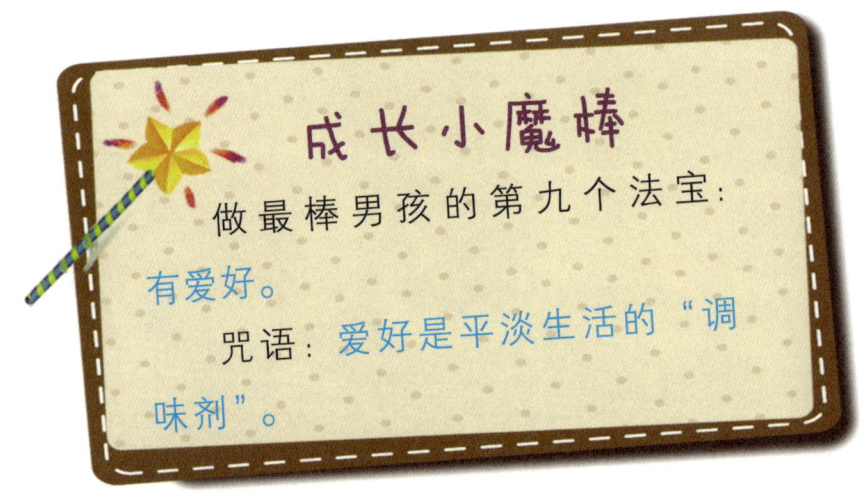

成长小魔棒

做最棒男孩的第九个法宝：有爱好。

咒语：爱好是平淡生活的"调味剂"。

像一块滚石

鲍勃·迪伦一生都在唱自己想唱的,做自己想做的,将日子过得精彩万分。

少年时期的迪伦就喜欢上了音乐。很小的时候,迪伦全家搬到美国的希宾镇。可是,镇上的一切都很无聊。幸好,他有一台收音机,收音机里播放着一首首流行歌曲,那些歌曲仿佛一束束灿烂的阳光,照亮了他的生活。

迪伦是一个天赋极高的少年。他自学了吉他、钢琴、口琴等乐器,后来,迪伦加入了镇上的第一个摇滚乐队。虽然只是一个小型的乐队,但是小小年纪的他,不仅成为乐队的核心,还组织举办了一场精彩绝伦的演出。

从上高中开始,民谣便慢慢地走进了他的生活,成为他生活中不可或缺的一部分。

有一天,在看完电影《黑板丛林》后,迪伦意识到,原来自己所热爱的音乐,还有这么巨大的社会影响力。迪伦有了更加明确的目标——他不仅要成为歌手,还要成为一个可以传递正能量的音乐人。

从此,迪伦沉迷于音乐创作。大学辍学后,他穿着一件工装服和牛仔裤,背着吉他,带着破旧的行李箱,来到了纽约曼哈顿区的格林尼治村。这个被称为"民谣圣地"的地方,聚集着大量的艺术家和歌手,迪伦在这里开始了自己的"梦"。

一天晚上,在格林尼治村最著名的酒吧里,迪伦第一次登上正式的舞台,演唱了自己的歌曲。一曲结束后,舞台下响起雷鸣般的掌声。

更幸运的是,台下正好坐着一名资深乐评人。三天后,在《纽约时报》上,这位乐评人在一篇文章中称赞道:"一颗闪亮的新星冉冉升起。"当然,这颗"新星"就是鲍勃·迪伦。

一夜成名的迪伦,迅速地走进了大家的视线中。他收获了一大批的歌迷,成为新一代最火的民谣歌手。迪伦弹唱的传统民谣受到知识分子的喜爱,要知道,那首被誉为黑人"民权运动"的圣歌——《随风飘扬》(*Blowing in Wind*),震撼了多少年轻人的心灵呀!

一个夏天过去了,迪伦的创作轨迹发生了巨大的变化。他将民谣中富有意义的歌词融入摇滚中,创立了崭新的音乐种

类——民谣摇滚。

在新港民谣节的舞台上，迪伦换上机车皮衣，戴着一副"黑超"，脚上踩一双"披头士"尖头皮鞋，鞋子把地板叩得咚咚直响。随后，他将自己的吉他通了电。

就像任何新事物刚出现并无法取得所有人的认可一样，"民谣摇滚"这个新的音乐种类，一开始并不被大众所认可。

在迪伦的演出现场，观众们的嘘声和咒骂声夹杂，"民谣之父"皮特·西格尔更是气得火冒三丈。他拿起一把斧子，猛地将舞台上的扩音器电缆砍断，愤怒地终止了迪伦的表演，结束这"荒唐"的一切。

转眼第二年，在伦敦皇家艾伯特大厅，迪伦又演奏起民谣摇滚。他再次惹怒了现场的观众，观众席上一片混乱。迪伦索性将音乐声开到最大，他把手中的吉他弦重重地拨了一下，带领着乐队，帅气地踏着拍子，演奏起长达6分多钟的歌曲《像一块滚石》(*Like a Rolling Stone*)。

后来，鲍勃·迪伦在同名回忆录《像一块滚石》中说，他像一块不断滚动的石头，不会为任何人走回头路，只想一直往前走。

不论是褒扬声，还是嘘声，迪伦从不带着来自外界的"标签"而活，他是他自己，朝着自己的梦想走，自顾自地精彩。

活得精彩

人只活一次，但要是活得精彩，一次足矣。

在纽约州北部的偏僻地区，住着一位朴实的农妇摩西。

摩西的一生，很长时间都忙碌于擦地板、挤牛奶、装蔬菜罐头等家庭琐事。直到她白发苍苍的时候，关节炎的病痛才让她从这些家务事中脱离出来，开始绘画。

小时候，摩西只会一点儿简单的素描。现在，她终于可以用上画笔和油彩，但是，此时的她已经76岁了。

身边的人都劝摩西别折腾了，有的人直接不客气地说："你都这么老了，能画出什么名堂？"

但是，这位从未进过美术学校的老太太，仍旧拿起了画笔。过了几年，摩西在纽约举办个人画展，引起了轰动。

大家都认识了这位80岁的老太太，她精彩的晚年生活，让人为之惊叹。

"任何年龄的人都可以作画。"摩西奶奶说，"人生永远没有太晚的开始。"

亲爱的男孩，请朝着你梦想中的生活努力吧，你完全可以活得精彩，成为最棒的自己！可能有的时候，你会像鲍勃·迪伦一样不被别人认可;有的时候,你会像摩西奶奶一样被别人质疑。不要理会那些质疑的声音,大胆地走自己的路,活得精彩才是最重要的。

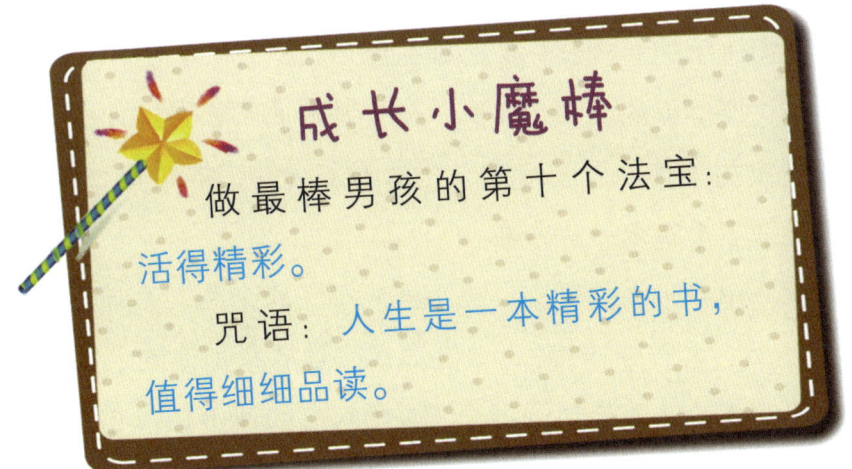

成长小魔棒

做最棒男孩的第十个法宝:活得精彩。

咒语:人生是一本精彩的书,值得细细品读。

木铎有心

江南乌镇，青檐灰瓦，小桥流水。停靠在岸边的乌篷船，还有那湿漉漉的石板巷，似乎都在低语着岁月的悠闲和沧桑。

在这座静谧的古镇中，有一个孙姓的大户人家，孙璞便是这户人家的子孙。后来，孙璞在古书上看到"木铎有心"，便给自己取了个笔名——木心。

木心出身于书香世家，自小就能接受到比他人更好的文学艺术熏陶。木心爱诗词，"一代词宗"夏承焘是他的老师，他小时候创作的诗集手稿就得到了老师极高的评价。木心还爱看书，茅盾是他的"德鸿伯伯"，他常去茅盾家串门，一头扎进书屋，一待就是一天。

文学艺术是他内心深处最神圣的东西。即使是在日军攻陷了乌镇，江南的雅致在一夜之间都消匿之时，他还是坚持守护着自己的一隅之地，安安静静地看书。

过了几年，木心背起两大箱的书，在一个寒风凛冽的冬天，住进了莫干山。

在那儿，他终于可以自由自在地读书、写作，不用担心受到任何干扰。山上一片荒芜,人烟稀少。虽然每天只有粗茶淡饭,可是这个富家子弟却自得其乐。

到了第二年春天,莫干山上的野花随风摇晃,木心带着写好的厚厚的几册书稿心满意足地下了山。

下山后的木心,开始学习绘画。他加入了解放军,还成为一名美术老师。慢慢地,正当他过上了大家都认为的稳定生活时,他却又钻进了莫干山。

世俗的荣华富贵,远比不上木心一心一意热爱着的文学艺术。二进莫干山,他一住就是六年,写了100多篇小说,还画了无数张山水画。

但是，随着家道中落，木心迫于生计，只好下山重新工作。

然而，好景不长。某位领导在一次工作会议上嘲笑了德国诗人海涅，这对于木心而言，就是在侮辱艺术，践踏文学。他气得火冒三丈，当场愤怒地表达了自己的看法。

这句指责换来的却是牢狱之灾。木心被关到防空洞中，防空洞阴暗又潮湿，到处都脏兮兮的。每天，他只能吃酸臭的馒头和发霉的咸菜，苍蝇围着饭菜飞来飞去，实在令人作呕。

即使终日与混浊为伴，木心也没有自暴自弃。他偷偷地在白纸上，涂上了黑色的琴键。一到夜里，借着月光，木心便"弹奏"肖邦和莫扎特的曲子……

他还藏了用来写自白的纸做笔记，纸上面的字写得像芝麻一般大小。18个月的牢狱生活里，他完成了66张布满密密麻麻字迹的手稿。他把手稿整齐地叠好，缝进衣服的夹层里，面带微笑地走出了监狱。

年近暮年，木心做了一个决定——去美国，开启一段未知的新生活。

结果，这一去便是二十年。当80岁的木心回到故乡乌镇时，他的祖宅已经变成了废墟。

木心索性建了一座小房子，他称它为"晚晴小筑"。老年的木心常常安静平和地靠在"晚晴小筑"的窗边，仍旧坚持写作、画画，守护着自己心中那块最柔软的地方。

坚守一片净土

不要被浮躁的东西打败,要坚守住自己的内心。

和珅是清朝时期的一个大贪官。

但是,他精明能干,乾隆皇帝对他宠信有加。

和珅大权在握,起初,他也是个正直清廉的官员。后来,在李侍尧案中,和珅才慢慢地卷入官场的旋涡中。

他接受了贿赂,尝到财权在手的甜头后,便开始松懈了,渐渐背离了当初为官的本意,狮子大开口地索要贿赂。

嘉庆掌权后，第一件事便是查抄和珅家。最后，和珅用三尺白绫自尽于牢狱中，结束了其贪婪的一生。

可是，大家都不知道，最初的和珅，也是一个知识渊博的年轻人。他精通四书五经，常常与文人墨客欢聚一堂，吟诗作对。倘若他在第一次受贿时能够坚守自己的内心，不为所动，保持自己的本心，想必也不会越陷越深，成为遗臭万年的大贪官。

亲爱的男孩，在这个世界上，有很多的诱惑，常常让我们眼花缭乱。希望你能坚守你的内心，远离诱惑，给自己的内心留一片净土，做你喜欢做的事情，不被肮脏之风所玷污。

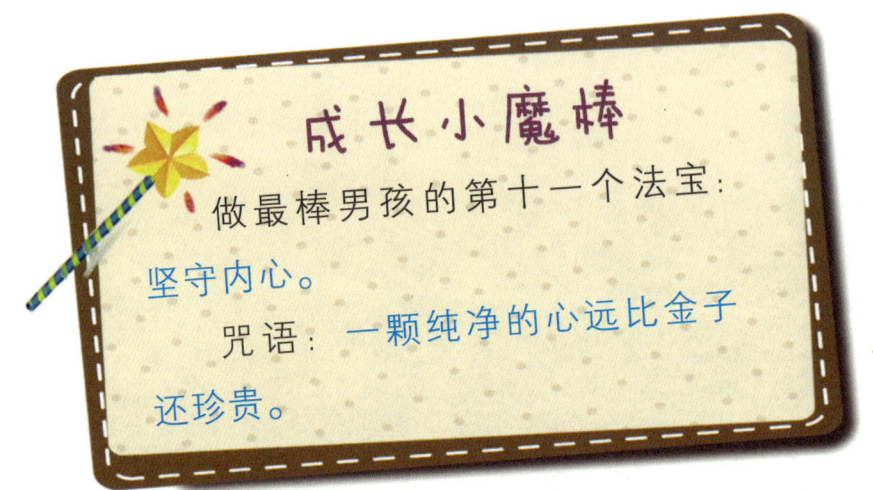

成长小魔棒

做最棒男孩的第十一个法宝：

坚守内心。

咒语：一颗纯净的心远比金子还珍贵。

绽放的季节

或许你不知道罗温·艾金森是谁,但你一定听说过"憨豆先生"。是的,艾金森就是"憨豆先生"的扮演者。

他是英国著名的喜剧演员,他用自己特有的幽默,配上丰富滑稽的肢体语言,创造出一种英国式无厘头喜剧,收获了无数观众的喜爱。

事实上,艾金森的成功之路一点儿也不轻松。

一双圆鼓鼓的金鱼眼,一个肉乎乎的大鼻子,再加上一对招风耳,艾金森的外表看起来憨态十足。

艾金森的反应有些迟钝,动作很笨拙,长相又搞笑,他在学校成了同学们戏弄嘲笑的对象,甚至连老师都不喜欢他。

一次,艾金森在课堂上站起来朗诵作品,他那滑稽的表情和口齿不清的发音,惹得同学们笑成一团。一个同学更是直接指着艾金森大笑:"你真是个傻子,长得跟个月球人似的!"

幸好艾金森一点儿也没有把别人的话放在心上,他常常沉浸在电影的世界中无法自拔,心里装的都是自己热爱的电影。

中学时期,艾金森申请加入了学校电影协会,在这里,他

可以随时观看自己喜欢的电影节目。其间，艾金森被卓别林的喜剧风格和法国哑剧笑星雅克·塔蒂的表演深深吸引。他多么希望自己有一天也能成为一个受人喜爱的喜剧演员啊！

闲暇之时，艾金森常常参加学校组织的戏剧表演节目。每当艾金森站在舞台上表演时，他的整个身心都是愉悦飞扬的。

可因为他怪异的长相和笨拙的举止，艾金森仍然不受身边人的待见。这不禁让他有些怀疑自己："是不是根本不会有人喜欢我的表演？"

那些日子里，艾金森陷入了深深的苦恼。他把自己关在房间里，谁也不理会。身边的人都不理解他，唯独他的母亲始终认为，自己的孩子是最优秀的。

艾金森的母亲是一名花匠。这天，她将颓废的艾金森带到花圃里。斑斓的花草在微风中摇曳着，只有几朵蔷薇花骨朵儿立在枝头还未绽开。

"每一朵花儿都有开放的机会，那些还没有开放的，只是还未等到季节。你就像那些花骨朵儿一样，等属于你的季节一到，你自然会绽放出美丽的人生之花。"母亲温柔的话语深深打动了艾金森。

看见母亲眼里闪烁着信任的光芒，艾金森不再气馁。他将母亲的话牢牢记在心里，更加坚定了自己心中的梦想。

之后，他参与了许多角色面试，也碰了不少壁。一个美国的喜剧评论家甚至给了艾金森这样一个评价："罗温·艾金森的喜剧不过为厕所式的幽默剧，若是罗温·艾金森这样的人能成为喜剧明星，那么肥猪也会飞上屋顶。"

艾金森并没有被这些评价击倒，他坚持着自己的道路，相信属于自己绽放的季节马上会到来。

功夫不负有心人，不久之后，机会果真降临在艾金森面前。英国的《非9点新闻》剧组导演非常看好艾金森，他被艾金森夸张的表演逗得开怀大笑，立刻录取了艾金森。自此，艾金森踏上了他的喜剧之路。

艾金森出演了多部喜剧之后，便想要塑造一个更有特点的幽默角色。他埋头苦想了许久，终于构想出一个穿戴整齐，但笨拙幼稚，思想一根筋，动作丰富搞笑的人物——憨豆先生。

"憨豆先生"系列喜剧一上映，就取得了巨大的反响，收获了几千万英国观众的好评。

坚持梦想的艾金森，终于在这一刻等来了自己绽放的季节。

如今，那个傻乎乎的憨豆先生已经飞向了全世界。艾金森的作品好评如潮，赢得了亿万观众的喜爱。

身高 1.1 米的音乐巨人

坚持梦想，让梦想引领未来。

米歇尔·贝楚齐亚尼一出生就患有成骨不全症，疾病导致他的骨骼无法像正常人一般生长，四肢变形而且无力，成年后的身高不到 1.1 米。

贝楚齐亚尼从小就对音乐痴迷，梦想有朝一日能成为钢琴演奏家。为此，他坚持每天刻苦练琴 8 个小时。疾病让他的左手严重变形，视力和听力也不断下降，但他依然坚持着，甚至更加疯狂地练琴。

几年后，他得到了第一次演出的机会，可他的身材却受到了很多人的嘲笑。贝楚齐亚尼并没有感到难堪，而是微笑着对大家说："等大家对我的特殊身材欣赏够了，再聆听我的精彩演奏吧！"

那天的演奏十分成功，他全身心地沉浸在钢琴演奏中，优美的音乐让观众忘了他的身材。

16 岁那年，他的个人专辑《乐曲》让他在一夜之间成了世界瞩目的钢琴演奏明星，他的梦想实现了！

谁也无法想象，贝楚齐亚尼是如何在病痛的折磨下，还坚持着最初的梦想。

亲爱的男孩,追逐梦想的道路从来都不是平坦无阻的。这条路或许布满荆棘,或许狂风骤雨,但请你一定不要轻易被现实所打败而放弃自己的梦想。坚持到底,你终会等到自己绽放的季节。

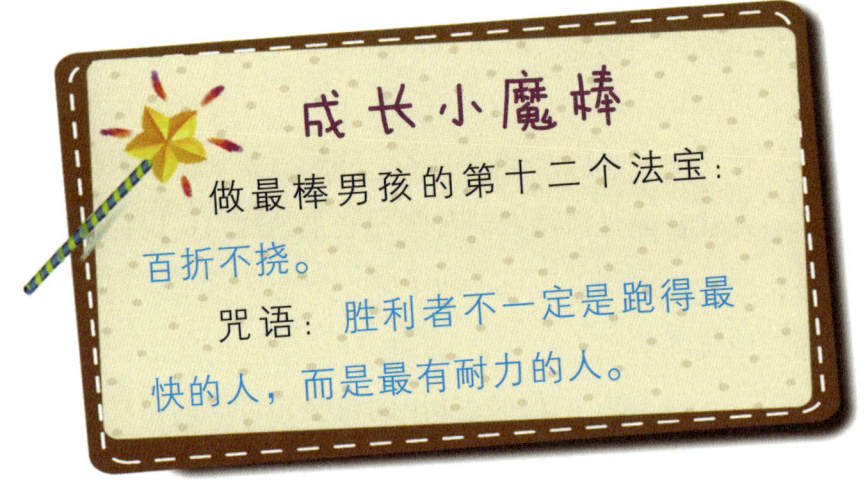

成长小魔棒

做最棒男孩的第十二个法宝:

百折不挠。

咒语:胜利者不一定是跑得最快的人,而是最有耐力的人。

跟自己较劲

王石是中国房地产龙头企业——万科的创始人,是当代著名的企业家。

小时候,王石喜欢看《海底两万里》和《鲁滨孙漂流记》,一个梦想在他的心中悄悄发了芽——成为一名探险家。

时间流逝,王石长大了。在后来的日子里,他当过兵,做过工人,当过工程师,尝试了很多职业。32岁那年,他当上了一个政府部门的副科长,这是让很多人都羡慕的职位。王石却迷茫了,他觉得似乎看见了自己的未来:安安稳稳、风平浪静的一辈子。

这真没意思,他想。

年少时的梦想敲醒了他,他不甘心过如此平庸的生活,他的身体里住着一个冒险家的灵魂。于是,王石辞去了光鲜的工作,跑到深圳创业。

那时,北方的玉米要运到南方,都要经过香港进行转运,其间大费周折。王石从中发现了商机,他自己租船,将大批的玉米直接从北方运到南方进行销售,省去了转运的环节,这让

  他赚到了人生的第一桶金——300万元人民币。王石将这些钱用作万科公司的启动资金，随后生意蒸蒸日上，万科发展迅速，进军企业500强。

  王石在44岁那年，被查出腰椎处患了血管瘤。医生说，王石极有可能下肢瘫痪，在轮椅上度过下半生。此时，王石正处于事业的巅峰期，这个噩耗无疑给了他重重的一击。王石沉思之后，做出了一个令人吃惊的决定——趁着还没有瘫痪，去西藏，登珠穆朗玛峰，圆自己的探险家之梦！

  后来证明，这是一个极其明智的决定。一次次登山前的训练，一次次远足，一次次翻山越岭，让王石的身体得到了充分锻炼，他比以前更加强壮了。

  经过一路的艰难险阻，王石终于登上了珠峰。然而，在下山时，他遭遇了暴风雪，行走变得异常艰难。他很想坐下来休息一下,但他知道,在这茫茫大雪之中,只要一坐下,就起不来了。凭着坚强的意志,王石坚持走下了山。在山脚下,他仰视着珠穆朗玛峰,内心十分激动——他做到了!

几年后,王石又登了一次珠峰。同时,他还参加了各种极限运动,比如跳伞、空中滑翔等,这让他的生活更加富有激情。

他不仅要征服现实中的珠峰,更要征服人生中的"珠峰"。

对王石来说,人生中的第三次"珠峰",是去哈佛学习。王石独自一人前往哈佛学习,英语水平很差的他,没有带任何助理和翻译。王石的哈佛同学是一群十几岁的青少年,年逾花甲的他在其中十分显眼。每周都有一次考试,他的同学很快就答完了试题,整个考场只剩下王石一个人。但是,王石没有放弃,他每天花比别人更多的时间学习。最后,他的努力得到了回报,他从原先的"英语盲"变成了"英语通"。

大多数人都喜欢待在"舒适圈"里,做让自己舒服的事情。而王石却逃离自己的舒适圈,跟自己较劲。这位中国房地产"教父"用自己的行动告诉我们,逃离自己的舒适圈,挑战自我,人生会有一番波澜壮阔的风景。

逃离舒适圈

你如果想变成强者,一定要先学会离开舒适圈,主动寻求挑战。

舒适圈就是让你有安全感、感到舒服自在的圈子,一旦你走出这个圈子,立马会面临陌生环境带来的挑战。

有些人喜欢待在舒适圈里享受生活,他们通常思想保守,希望过安安稳稳、没有风险的生活。他们不愿意学习新东西,接触新事物。当挑战来临时,他们通常会手忙脚乱,不知道怎么应对变化。

还有一些人,他们喜欢跟自己较劲,喜欢走出自己的舒适圈。一开始,他们也会很不适应,但他们坚持下来了,学会克服不适感,迎接挑战。这类人的眼界更宽广,生活也更加富有激情。这些人通常是强者。

亲爱的男孩,晓玲姐姐希望你成为一个敢于挑战自我的男孩。弱者只喜欢做简单舒服的事情,而强者喜欢跟自己较劲,挑战看起来不可能的事。你如果想变成强者,一定要先学会离开舒适圈,主动寻求挑战。

当你走出舒适圈去迎接一个又一个挑战时,你就会发现,人生原来如此宽阔,你可以学习很多新技能,可以接触很多优秀的人,还可以去看更多美妙的风景,这一切,都让你成为更好的自己。

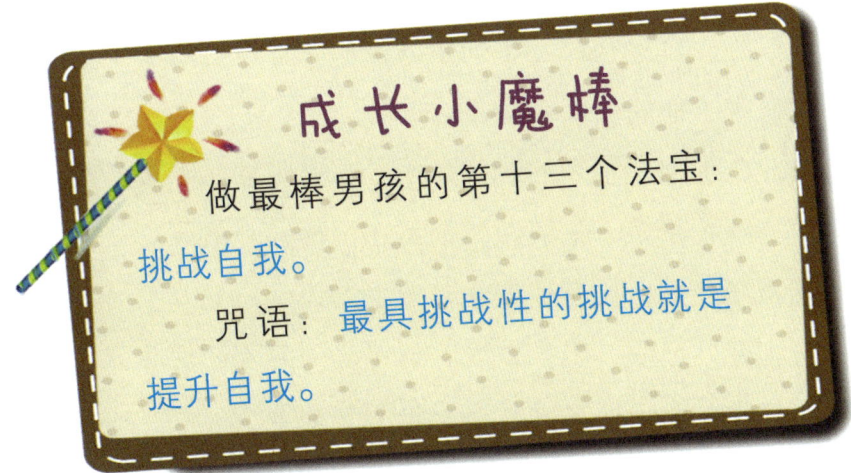

成长小魔棒

做最棒男孩的第十三个法宝:挑战自我。

咒语:最具挑战性的挑战就是提升自我。

1855 次失败

1946年,一名男婴在美国的一家慈善医院降生。可命运却在男孩的生命之初就开了一个大大的玩笑——医生不小心用助产钳伤害了他的面部神经。

从此,男孩左脸颊的肌肉瘫痪了,下垂的左眼睑和左边嘴唇让他的脸看起来十分僵硬,甚至连话都说不清楚。

男孩出生后,抚养他的是一位老妇人。直到5岁时,他才和父母相聚。很快,男孩发现,父母之间的爱和他想象中的不一样,他常常懵懵懂懂地看着父母激烈地争吵。

这样的生活持续了好几年,男孩的父母最终选择分开。男孩的母亲将他留给了他的父亲,但是父亲总是斥责男孩:"你怎么这么无能?简直一无是处!"

不幸福的童年生活让男孩的性格非常叛逆。他的成绩一塌糊涂,他常常在街头与人打架。短短几年,男孩转了12次学,这12所学校都开除了男孩。

时光的轮盘迅速转过了一轮又一轮。高中毕业后的男孩,似乎真的成了父亲口中"一无是处"的废物。他不甘心像一条

"不能翻身的咸鱼"一样过完一生。于是，他开始思索自己的未来。

男孩既没有学历，又没有金钱，他只在体育方面有点儿天赋。

于是，男孩来到瑞士一家学院当体育老师，同时学习戏剧课程。当他在课堂上参与了名剧《推销员之死》的排练后，男孩终于明确了自己未来的目标：当一名演员！

他怀揣着这个目标，尽最大的努力考进迈阿密大学，在那里学习戏剧表演。

没想到，男孩的导师根本不看好他。

男孩没有因此而退缩，他认准了自己的目标后，始终坚持着，努力着。但结果并不如愿，由于学分不够，男孩不得不退学。

于是，男孩决定独自一人到纽约闯荡。

在纽约，男孩带着自己写的剧本，寻求一切可能实现他目标的机会。不论是明星、导演还是编剧，所有男孩能想到的人，他都一一前去拜访。

他拜访了五百家电影公司，得到的是五百次拒绝。但男孩始终坚信：世上无难事，只怕有心人。他坚持着，继续朝着目标付诸行动。

有人告诉男孩："或许他们拒绝你的原因是你说不清楚话，不如你试试每天在舌头下面含一粒小石子读报纸。"

有人对男孩说："你看起来那么瘦弱，哪里适合演电影？"

听了这些话，男孩为了实现梦想，决定改变。

他用了两年时间，锻炼出流利的口齿，并且通过健身成为一个壮汉。在这期间，他仍然没有放弃拜访那五百家电影公司，可得到的结果还是和先前一样。

面对这样的打击，普通人必然会选择放弃。可男孩毫不气馁，他相信自己一定能行，也许下一次就能成功！

终于，在他第1856次拜访电影公司时，一个拒绝过男孩二十几次的导演给予了他一丝希望，同意帮助男孩，让他出演男孩自己写的剧本《洛奇》的男主角。

男孩终于看到了希望的曙光，他全身心地投入拍摄当中。短短一个月，《洛奇》这部影片便以低廉的成本完成了拍摄。

谁也没想到，《洛奇》竟然刷新了当时全美最高的票房纪录。影片票房突破2.25亿美元，并获得了奥斯卡最佳影片奖。

看到这里，你或许已经猜到了这名男孩的身份。是的，他就是世界电影巨星——西尔维斯特·史泰龙。

跳出牛奶桶

坚持者能在命运风暴中奋斗。

青蛙和蟾蜍在打闹时,不慎掉进一个牛奶桶。牛奶桶很深,里面装着不少牛奶。他俩尝试着在桶里跳了好多次,却怎么也跳不出去。

蟾蜍在牛奶桶中游了两圈,试图找到其他的逃生出路,结果却一无所获。

于是,他在桶里仰着脑袋"呱呱"大喊,希望能够吸引路过的人救他出去。他喊了许久,声音变得沙哑无比,可是谁也没有出现。

蟾蜍失望极了,他想:"算了,看来没救了。"于是,他放弃求救,静静地待在桶里等待死亡。没过多久,他就沉了下去。

在蟾蜍放弃的时候,青蛙却没有闲着。他在桶里游了一圈又一圈,游得腿都酸了,但是同样没有发现逃生出路。他休息了一会儿,又潜到桶底仔细探查,还是没有发现出路。

即便如此,青蛙还是没有放弃。在他一次又一次寻找的过程中,他发现这个牛奶桶竟然是倾斜的!他欣喜极了,在较低的那一边拼命地往上跳跃。

一次，两次，三次……当他数不清自己已经跳跃了多少次后，他发现脚下的牛奶竟然因为他反复跳跃，慢慢凝固成了一块奶酪！

青蛙踩着奶酪使劲一跳，终于跃出了牛奶桶。而那只沉在桶里的蟾蜍永远也想不到，如果自己再多坚持一段时间就能获得自由。

亲爱的男孩，不受百炼，难以成钢。成功从来不是一蹴而就的，它往往躲藏在无数次跌倒之后。当你遇到挫折时，不要气馁，那些挫折就是垫在你脚底的"奶酪"，你要学会在挫折上"借力"，在摔倒的地方爬起来。经过千锤百炼的考验之后，你会练就钢铁般的意志，更加坚定地走在寻梦的道路上。

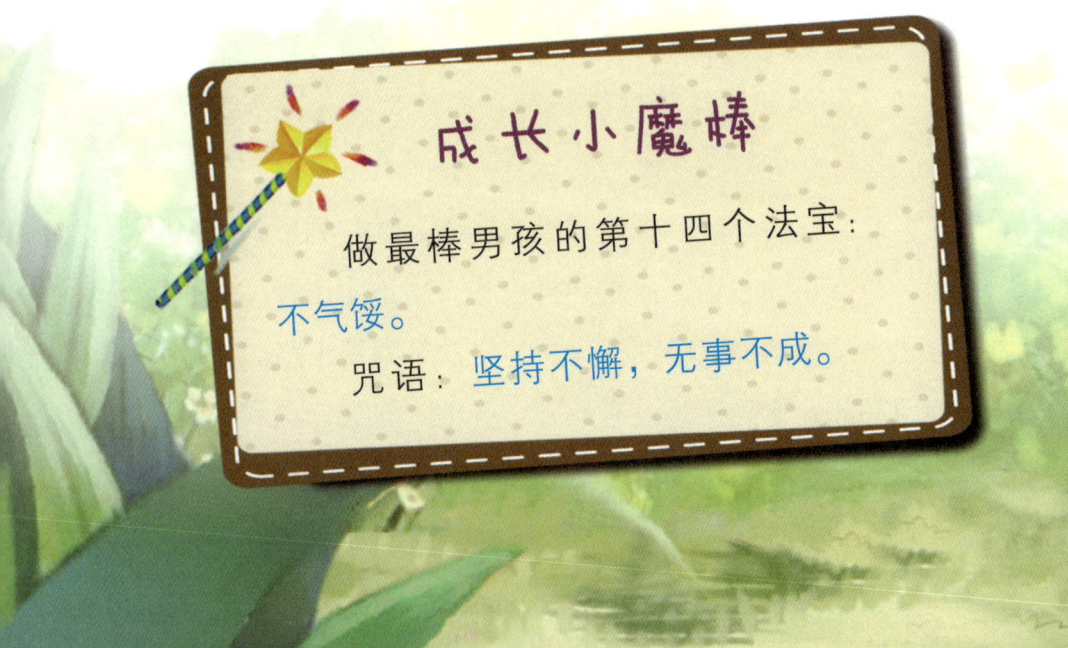

成长小魔棒

做最棒男孩的第十四个法宝：不气馁。

咒语：坚持不懈，无事不成。

24 号球衣

有一天，前 NBA 球员乔·布莱恩特和妻子在一家餐厅吃饭。乔点了份自己最爱吃的 Kobe Beef（神户牛排）后，当场做了个决定——这就是他以后孩子的名字。

科比，这个未来将响彻世界的名字竟然是这样诞生的。

科比从小对篮球就有着非同一般的热爱。当别的同龄孩子还在玩玩具、打游戏的时候，他就经常一个人在篮球场上独自训练。

其实，科比的手掌并不适合打篮球——他的手有点儿小，不好抓住球。为了克服先天的不足，科比在家里的各个地方都放了篮球。从此，不论什么时候，他都可以练习抓球了。在科比坚持不懈的练习下，他终于解决了抓球这个难题。

一个星期五的下午，他和往常一样，在燥热的篮球场上练习运球。炽热的阳光把他的影子拉得长长的，同时也把他脸颊上的汗水照得闪闪发光。

校队教练正巧经过球场，看见科比后便走了过去，打招呼道："嘿，科比，你在和谁比赛啊？"

偌大的篮球场,除了科比空无一人。年轻的科比擦了擦额头的汗水,说:"教练,我正在和我的影子决胜负!"

他的眼神里透出一股执着和认真,汗水顺着脸颊滴落在地上,说罢,他便继续与他的影子"比赛"。

不久之后,科比以超高的水平进入了校篮球队,这个时候的他才13岁。

后来,科比以锐不可当之势从高中进入了NBA赛场,他选择了24号球衣作为自己的比赛号码。

他说:"我选择24号球衣

是因为一天有24个小时，我希望自己能一整天都把精力挥洒在球场上。如果不能全身心地投入，那我就不是科比！"

在备战2012年伦敦奥运会期间，一天，科比给体能训练师打了电话，他想要训练师帮助自己训练。接到电话的训练师惊呆了——这时可是凌晨4点，一般人还在睡梦中！

体能训练师和科比一起在训练馆里训练到6点，最后，训练师实在坚持不住了，只好筋疲力尽地回去休息。等到中午11点时，训练师再次来到训练馆，此时的他脑袋仍然昏昏沉沉的，看见科比又在练习着跳投，忍不住走上前去问道："你是什么时候结束训练的？"

这时，科比又投了一个球，终于达到一天投进1000球的训练量。他擦了擦汗，回答道："现在结束了。"

科比就是这样的一个球员，他的身体和意志就像永动机，似乎永远不会停止。在NBA的赛场上，他得到了许多其他球员甚至是一辈子都拿不到的荣誉，而他对自己的要求仍然不放松。

在科比即将退役的一场比赛中，他不小心将手指弄脱臼了。通常遇上这种状况，球员应该马上退场接受治疗。一般人的手指如果遭受了同样的创伤，别说上场打球，就连触碰东西都受不了。但是，身披24号战衣的科比，怎么会轻易言败呢!

他找到队医，让队医直接把他脱臼的手指掰回原位。在没有任何麻醉的情况下，科比硬生生地熬了过来。还没等到手指恢复知觉，他又马上上场，继续比赛了。

对科比来说，受伤是家常便饭，他曾说："我打球曾经打到手断，脚踝扭伤，肩膀脱臼，牙齿碎掉，嘴唇裂开，膝盖肿成一个垒球大小。我不想因为脚趾受伤错过15场比赛，因为大家都知道脚趾受伤不算什么。"

科比一直对篮球投以真切的热爱，而他不怕吃苦的精神，就像是篮球场上最闪耀的光芒，照耀着这一位篮球巨星的成长与蜕变。

科比的球队位于洛杉矶，有一次，记者采访科比，问他获得成功的原因。

科比笑了笑，问道："你知道凌晨4点洛杉矶的样子吗？"他长期坚持凌晨4点起床，每天的训练都要投进1000球，陪伴他的24号球衣，见证了他不断挥洒汗水的时光。

他永不言败的"曼巴精神"会激励人们前进。科比是一位传奇球星，更是激励人心的偶像。

成长点金术

大石头的磨炼

> 在你想要放弃的时候,想想是什么让你当初坚持走到了这里。
>
> ——[德]威尔科克斯

石料厂里有各式各样的石头,在工人的加工下,有的成为精致的石雕,有的成为坚固的瓦片,有的成为结实的砖头。

石头在打磨中会被磨去棱角,身上的小石块儿和碎屑儿不断地掉落在地上。

很多石头都不愿意来到可怕的石料厂,宁愿躲在阴凉的草丛里。

"做一块默默无闻的石头就挺好的了。"石头们安慰自己。

但是,有一块大石头并不这么认为,它从小就羡慕那些石雕、瓦片、砖头……

于是,它勇敢地来到石料厂,切割机和钉锤毫不留情地"折磨"它,它咬紧牙关,没有放弃。

大半个月后,一只威风凛凛的石狮子坐在公园的大门口。那只石狮子曾经只是一块普通的大石头,大石头经历千锤百炼之后,终于完成了蜕变。

亲爱的男孩,有时候,苦难是生活给予我们的礼物。苦难可以让人成长,就像辛苦练球身穿"24号球衣"的科比;苦难可以让人重生,就像那只神气十足的石狮子。所以,不要害怕吃苦,当你有一丝丝退缩的时候,多鼓励鼓励自己:再坚持一下,总有一天可以苦尽甘来!

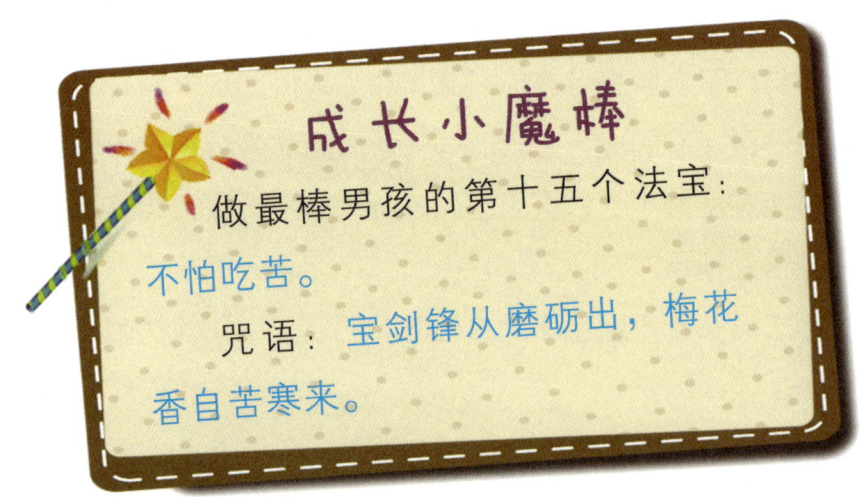

成长小魔棒

做最棒男孩的第十五个法宝:

不怕吃苦。

咒语:宝剑锋从磨砺出,梅花香自苦寒来。

"文坛硬汉"海明威

海明威是个优秀的记者，同时，也是一名作家，被认为是20世纪最著名的小说家之一。人们常常称他为"文坛硬汉"，是许多人的精神领袖。

海明威出生在美国，童年时候的他生活在瓦隆湖的农舍中。在这里，他找到了自己的人生乐趣——文学。有时候，他会捧着图画书或是动物漫画，认真地阅读；有时候，他会听着收音机里有趣的故事，细细地品味。

每个人的生活多少都会带着一些童年的印记，海明威也不例外，爱好文学的他，在写作方面的天赋极高。

上初中时，他便为一家文学报社撰写文章，开始崭露头角。过了几年，刚成年的他，就进入了《堪城星报》，成为其中的一名记者。

海明威是一名真正的男子汉，这一点谁也不能否认，他曾奔赴"一战""二战"前线。

第一次世界大战爆发后，海明威毅然决然地辞掉了人人羡慕的记者工作，加入美国红十字会战场服务队，投身意大利

战场。在这场战争中，海明威荣获了意大利政府授予的一枚银质勇敢勋章。那是一次刻骨铭心的经历，在输送补给品的路途中，敌人的子弹打中了海明威，鲜血染透了他的衣服，海明威仍然坚持着把伤员拖到了安全地。

这次经历让海明威真真切切地体会到了战争的残酷和血腥。在前往意大利前线时，他想尽各种方法，奋不顾身地前往战争现场。战场上血流成河，遍地都是尸体，看到这一切，他心里久久不能平静……

正因为他经历过战争的悲惨，无数次接近过死亡，所以，海明威笔下的人物，都是一些硬汉形象，他们通常性格坚韧，有一股不服输的劲儿，读者在他们身上感受到了那不屈不挠的"硬汉精神"。

因而，他被誉为"文坛硬汉"。《老人与海》中的主人公圣地亚哥，就是海明威塑造的典型的硬汉形象。

小说中，圣地亚哥在出海的第八十五天，终于钓到一条比船还大的马林鱼。但是，这条大鱼拖着老人的船走，老人耗时两天两夜终于杀死了大鱼，却又引来了鲨鱼争夺大鱼。最后，老人杀死了鲨鱼，大鱼却被鲨鱼吃得只剩下了一副鱼骨头，他拖着疲惫的身躯，将鱼骨头带回了家。

"人可以被毁灭，但不能被打败。"这是《老人与海》的主人公圣地亚哥的名言。其实，这也是海明威面对命运的态度，是他这一生所坚持的坚定不移的硬汉精神。

钢铁是怎样炼成的

　　生活总是让我们遍体鳞伤,但到后来,那些受伤的地方一定会变成我们最强壮的地方。

　　《老人与海》中的圣地亚哥,就是海明威自己本人的投影。他们身上有着身为"硬汉"的几个象征:坚定不移、不屈不挠、敢于斗争。

　　这些精神品质赐予人无限的能量。前苏联作家奥斯特洛夫斯基在《钢铁是怎样炼成的》中,也塑造了一个"硬汉形象"——保尔·柯察金。

保尔出生在一个贫困的家庭,他在社会底层艰辛地劳动,以换取生活的每日所需。

在一次参与铁路的修筑工作时,保尔和他的战友们在寒冬里忍受着饥饿和劳累,还必须打起精神抵抗匪帮的袭击。后来,保尔染上了严重的风寒。但是,疾病并没有让他马上倒下,他坚守在战斗的前线,直到病魔彻底地把他击倒。正当大家都以为保尔已经离开人世时,保尔却又出现在大家面前,继续战斗。

亲爱的男孩,成为一个像钢铁一样的硬汉并不容易。你要坚强地面对生活中的挫折,用坚韧的意志勇敢地越过荆棘。你还要时刻做好准备,用坚定不移的信念迎接每项挑战。做到这些,你也是一个"小小硬汉"!

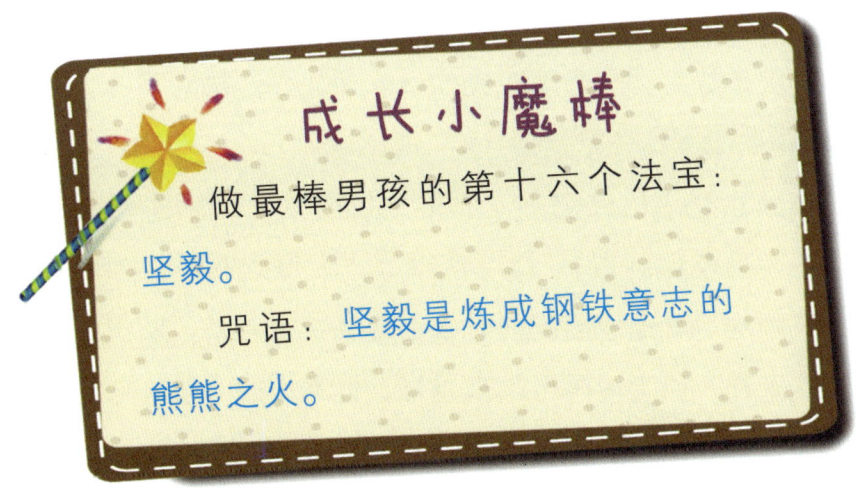

成长小魔棒

做最棒男孩的第十六个法宝:

坚毅。

咒语:坚毅是炼成钢铁意志的熊熊之火。

勤奋的国画大师

画上的马,有的前脚飞跃,有的后脚跷起,有的四脚腾空……这些画上的千里马栩栩如生,神韵十足。画上的每一点笔墨都恰到好处,每一笔线条都苍劲有力,看者不禁为之惊叹。

这便是著名国画大师徐悲鸿笔下的《骏马图》。世人都知道,徐悲鸿善画马,却不知他在背后付出了多少辛劳与汗水。

徐悲鸿出生在一个山清水秀的江南小镇,他的父亲是一位私塾老师,十分擅长画画。徐悲鸿受父亲影响,也爱上了绘画。父亲认为学画之前应先读书,便让徐悲鸿先学习"四书五经"。

等到徐悲鸿已经把书本都翻烂的时候,父亲才让儿子开始临摹《吴友如画本》。徐悲鸿很高兴,每天都坚持画画,仔细研究画法。就连他出门的时候,都要带上画具,以便就地写生。就这样,徐悲鸿画得越来越好,他笔下的人物、动物和植物就像真的一样,非常生动。

在徐悲鸿19岁那年,父亲因病去世了,欠下了很多债务。

从此,这位文弱的少年挑起了家庭的重担。为了偿还债务,徐悲鸿同时打三份工,分别在三个学校兼职做美术老师。尽管徐悲鸿不分昼夜地工作,但是他的薪水还是不够补贴家用。

为了家人,也为了自己的梦想,徐悲鸿打算去上海寻找出路。在上海,他借住在一家赌场里,白天在喧嚣之中作画,晚上就睡在赌桌上。人们在欢天喜地过年的时候,徐悲鸿却空着肚子,给一家出版社的杂志封面填色。

经过不懈努力,徐悲鸿被复旦大学录取了。踏入这所学校的大门之时,他已经好几天没有吃东西了。看着美丽的校园,徐悲鸿眼眶里含满泪水:自己所付出的一切都是值得的!

在校期间,徐悲鸿认真钻研绘画,比较中西绘画的特点,将很多西画的技巧运用到国画中,取长补短。这让徐悲鸿的画技又提升了很多,他的作品开始有了自己的特点,受到了业内人士的赞赏。

22岁那年,徐悲鸿被派往法国留学。法国巴黎是艺术的天堂,这座城市有很多博物馆,收藏了多幅名画。徐悲鸿到了巴黎后,把各大博物馆的名画看了个遍,临摹了很多名画。他带上一片面包,一瓶水,在博物馆里一看就是一天,直到闭馆时才依依不舍地离去。

其间,法国国家美术展开幕了,徐悲鸿看展看了一整天。走出展会时,他这才发现,外面已是白茫茫的一片,天上还飘着鹅毛大雪。此时,徐悲鸿还没有过冬的衣服,他在冰天雪地里冻得发抖,突然感到一阵腹痛。到医院一查,他得了严重的肠痉挛症。此后,他经常忍着腹痛作画。

功夫不负有心人,过了几年,徐悲鸿的绘画技术又得到了质的飞跃,他的油画还入选了法国国家美术展。

回国后,徐悲鸿致力于国画的创作。为了精准把握骏马的姿态,他经常去马场速写,观察马的各种姿态,画了数千幅速写。经过长时间的观察研究,他熟悉了马的骨架、肌肉、组织,用画笔捕捉到了马的神态和气质。后来,徐悲鸿画出了很多传世的骏马图,比如价值连城的《奔马图》。

这位国画大师把自己的一生都投入到绘画创作之中,他勤勤恳恳,坚韧不拔,一如他笔下的骏马,有鸿鹄之志,更有实现梦想的那份实力和毅力。

高尔基的"面包"

才能的火花，常常在勤奋的磨石上迸发。

——[德]威廉·李卜克内西

高尔基是俄罗斯的大作家，他说过："我扑在书上，就像饥饿的人扑在面包上。"原来书是高尔基的"面包"啊！

高尔基家境贫寒，他10岁时就在鞋店当学徒。那时候，他身无分文，没有钱买书，到处借书读。他在鞋店不仅要当学徒，还要当仆人，每天他要生炉子，擦地板，上街买菜……

等他忙完之后，已经是半夜了。他就在一盏昏暗的小灯下，如饥似渴地看书。这是他一天之中最快乐的时光。

鞋店的老板娘发现高尔基在看书，就把书撕了个粉碎，还把高尔基毒打了一顿。高尔基为了看书，不知道挨过多少顿打。尽

管这样，高尔基还是不断找机会读书。

经过勤奋不懈的努力，高尔基最终成了一个大作家，他写了很多著名的作品，比如《海燕》《童年》《在人间》《我的大学》等。

亲爱的男孩，现在是你最需要为未来奋斗的时候，梦想的高楼大厦不是一天能建成的，需要每天一砖一瓦的努力。每天努力一点点，等到五年、十年过去了，你会发现自己进步了许多，那时，你已经站在当初无法想象的高度上了。

成长小魔棒

做最棒男孩的第十七个法宝：勤奋。

咒语：天才出于勤奋。

早起跑步的小说家

他是一个"马拉松健将",他也是一个"早起狂魔",他还是一个作家。

他便是村上春树。

写作是村上春树的本职工作,但他的写作习惯却不是从小养成的。在投身于写作之前,他只是一家爵士乐酒吧的老板。

直到一次偶然的机会,村上春树观看了一场棒球赛。球场上,棒球手的球棒击中了球,也敲醒了他身体里的另一个小人儿。那个小人儿对他喊道:"写小说吧!写小说吧!"

从此,村上春树开始了他的写作之路,他转让自己的酒吧后,全身心地投入写作。

写作期间,他给自己制定了两条苛刻的标准:第一,每天要有五六个小时的工作时间。第二,每天写满10页400字一页的方格纸。只要他完成了4000字的写作任务,就必须停下笔。村上春树像是变成一台工厂车间里工作的机器,定时定量地输出着自己的文字。

有时候,这个过程是极其痛苦的,但是村上春树总是逼着自己继续下去,就像把刀架在脖子上一样,坚持着直到完成。即使写作进程有格外顺利的时候,当他写到了4000字的数量时,他也还是会要求自己停下笔保存能量。

这就是村上春树多年来雷打不动的写作模式,十年如一日般自律的写作习惯。

天刚蒙蒙亮,这是村上春树一天中精力最充沛的时候。为了在写作中一直保持饱满的精神状态,村上春树变成了一个"早起狂魔"。每天凌晨五点钟,他就从床上"自动"弹起,泡上一杯浓郁的咖啡,吃完一份点心,之后便投入到一天充实的

工作之中。

村上春树的工作，除了写小说，还会做翻译，这两件事能让他忙活到下午。在这种模式下，村上春树的人际交往也自然受到了影响，但是他说："我宁愿优先确立能专心致志创作的稳定和谐的生活。"

为了缓解因长时间写作而带来的疲劳，跑步成为村上春树控制体重的最佳方法。被称为"马拉松健将"的村上春树，曾经是个易胖体质的大烟鬼。

直到步入中年，村上春树才开启长跑之路。跑着跑着，他的身体越来越健康，身材也变得越来越健美，就连烟瘾也慢慢戒了。后来，他每年至少参加一次全程马拉松，并创下了3小时27分的最佳纪录。

他也时常会有"今天不想跑步"的想法，可一旦这种念头跑出来捣乱，他就会反思自己。过后，他仍旧会为了自己的健康，说服自己，付出相应的"牺牲"。

支撑着村上春树不断产出高质量作品，帮助他创造出一个个畅销奇迹的，正是他极致的自律——对诱惑的把控和对时间的掌握。自从小说处女作《且听风吟》发表后，村上春树的作品在国内外广受好评。村上春树在长篇小说、短篇小说、翻译、随笔等各种体裁中，不断进行创新创作，按照自己的方式写作，更加深入地体察和关注着这个世界。

做个自律的人

自制是一种秩序，一种对于快乐与欲望的控制。

——[古希腊]柏拉图

村上春树的成功，绝对不是偶然，而是得益于他几十年如一日的高度自律。

自律是什么？自律就是在没有旁人监督你的时候，你也能够对自己的言行举止有所约束。

亲爱的男孩，你是不是也做过很多规划，也会自己暗暗下定决心去做一件事情？

当你可以自我约束，能当自己思想和行为的主人时，你的计划就不再会只是一个梦。

但是，有时候，你会因为惰性，无法准时地起床上课；有时候，你会因为无法抵抗诱惑，在吃喝玩乐上放纵自我；有时候，你会被不良情绪控制，过得浑浑噩噩。

当一个人失去自律的能力，就会像一辆没有了方向盘和刹车系统的汽车，不但脱离原有的道路，到不了目的地，还会有翻车的危险。

学会自律，你要看清自己面对的问题，学会不等不拖，克服自己的"拖延症";你要尝试着调整自己的做事方式,不能总是想着推卸责任。

亲爱的男孩,你有能力掌控自己的生活,千万不要做思想上的巨人,行动上的矮子。从现在开始,每天给自己制订一个计划,计划完成后,记得奖励自己哦!

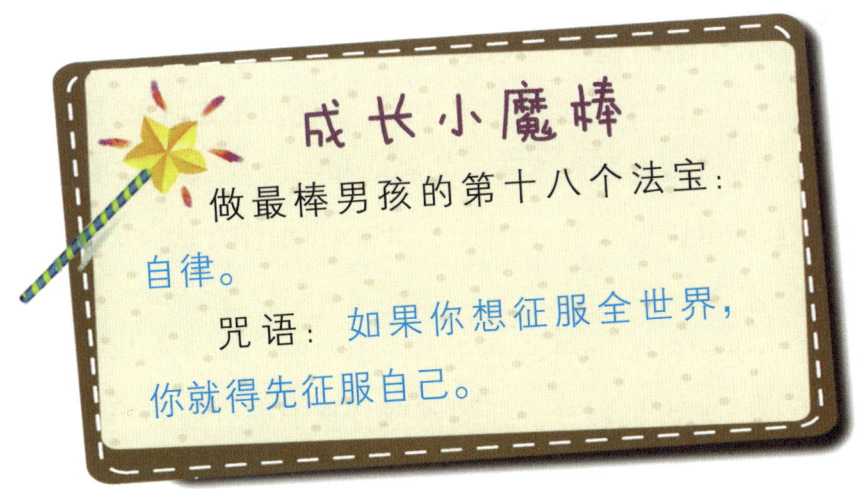

成长小魔棒

做最棒男孩的第十八个法宝:自律。

咒语:如果你想征服全世界,你就得先征服自己。

印度良心

阿米尔·汗是印度国宝级的演员,宝莱坞的全能明星。他精湛的演技和敬业精神让观众折服。

阿米尔·汗与电影的不解之缘,在他出生之时就注定了。他的父亲和叔叔都是印度著名的导演和编剧。8岁时,阿米尔就在叔叔的电影里演了一个角色,他演得很棒,获得了鲜花和掌声。

正当大家以为这男孩会成为大明星时,阿米尔居然放弃了演电影,跑去打网球。他的网球打得很好,还获得了网球冠军。

直到大学的时候,阿米尔才觉醒——原来自己最喜欢的事情还是演电影。兜兜转转,阿米尔和电影又"相遇"了,从这时开始,电影变成了他生命的主旋律。

阿米尔的表演天赋在电影上得到了淋漓尽致的体现,他主演的第一部电影《冷暖人间》大获好评,这部电影后来成为印度的经典电影之一。之后,阿米尔的电影事业一帆风顺,他出演了多部有名的电影,比如《三傻大闹宝莱坞》《地球上的星星》等,跻身国宝级演员之列。

在这成功的背后,他付出的是常人无法企及的汗水。拍摄《摔跤吧!爸爸》期间,为了饰演一位发福的中年父亲,他让自己的体重暴增56斤。

紧接着,为了饰演这位父亲的青年时代,他又积极减肥,短短几个月内,体脂率降到了9.6%,那可是运动员的标准啊!

要知道,现在的化妆技术已经很发达了,阿米尔完全可以借助化妆去表现这两个形象。但是,他拒绝了,因为这是作为一个演员的良心。

他说:"化妆不是不行,只是这样我感受不到肥胖,作为演员,我觉得那样不好。"

后来,《摔跤吧!爸爸》获得了观众的一致好评,大家说这部电影是当年最有诚意的

电影之一。

成名之后，阿米尔很少参加颁奖典礼，他觉得那些活动的意义不大，有那些时间，他还不如多参加公益活动。事实上，阿米尔是很多公益活动的发起人。

最著名的是他主持的一档叫作《真相访谈》的电视节目。在节目中，他采访了不同阶层的印度人，曝光了很多社会的阴暗面，比如包办婚姻、儿童性侵、家庭暴力、种姓制度等。他把这些敏感问题暴露在荧幕上，希望改变社会现状。这档节目因此在印度激起了狂浪，民众要求自由平等的呼声越来越高。

因为一些真相触及了某些人的利益，阿米尔得罪了印度的一些权贵，权贵们给阿米尔施加压力，让阿米尔滚出印度。阿米尔没有动摇，仍旧坚持揭露真相，坚守作为一名印度人的良心。

最终，在阿米尔的推动下，印度国会通过了保护儿童的法案。《时代周刊》对阿米尔作了专访，主题为"一个演员能否改变一个国家"，并称他为"印度良心"。

作为一个演员，他兢兢业业，是良心演员；而作为一名印度公民，他敢于发声，是"印度良心"。这两种良心在他身上合二为一，令人肃然起敬。

谈良心

你的良心会告诉你，怎样做才是顶天立地的男儿。

亲爱的男孩，良心是什么？

良心是能分清是非。当你慢慢长大，面临的选择会越来越多，哪个是对，哪个是错？你要静下心来，认真思考，仔细分析，切勿莽撞、冲动。有时候，一个错误的决定会让你悔恨终生。所以请拒绝诱惑，远离不良癖好，做一个洁身自好的男孩。

良心是有责任感。你已经是个"小大人"，你要为你做的事、说的话负责任。人人都有犯错的时候，有的人选择逃避，有的人却选择承担。良心会告诉你：逃避是懦夫的行为，男子汉大丈夫，就要敢于承担自己的责任。

良心是有正义感。当别人遇

到不平等对待时,你是挺身而出,还是"事不关己,高高挂起"?良心会告诉你,当别人遭受欺凌时,你不能袖手旁观,你要学会帮助别人,帮他摆脱困境。

每个人心里都有一把量尺,它叫良心。亲爱的男孩,无论你要说什么,要做什么,请先问问自己的良心——我能这样说吗?我能这样做吗?你的良心会告诉你,怎样做才是问心无愧的,怎样做才是顶天立地的。

成长小魔棒

做最棒男孩的第十九个法宝:

良心。

咒语:良心是与生俱来的,不可推卸的。

农田里的科学家

很多年前,一个小男婴在北京呱呱坠地,父母给他取名袁隆平。

时光悄悄地奔跑,转眼间,袁隆平已是个小学生了。一天,学校组织郊游,老师带大家参观一个私人园艺场。

在那儿,袁隆平瞧见了枝丫上的葡萄,它们就像一颗颗宝石似的,闪烁着晶莹的紫光。还有挂在树上的苹果,像一盏盏红灯笼一样,红彤彤的。一阵风吹过,浓浓的果香夹杂着花香,飘荡在鼻尖。袁隆平就这样爱上了田园,他许下一个学农的愿望。

为了实现这个愿望,长大后,他在田间忘情地工作,辛勤的汗水洒在田埂和小路上。几十年过去,袁隆平成为中国杂交水稻的开创者,大家称他为"杂交水稻之父"。

杂交水稻的成功,带给袁隆平极大的荣耀和光环,可他却始终过着简朴、低调的生活,从来不摆架子。

要知道,这份工作一点也不轻松。常常有人问袁隆平:"你这么认真不累吗?"他总是回答:"一点儿也不累,倒是快乐得很啊！一分耕耘一分收获。"

袁隆平始终保持着务实的态度，脚踏实地地做实事。田地里的每一道程序，他都一丝不苟地完成。

他最喜欢的一件事儿就是骑着自行车，在田野上一边骑，一边呼吸田野的气息。他身边的人都知道，袁隆平如果不在家，就一定在实验田；如果不在实验田，就一定在去实验田的路上。

每当暴雨天，电闪雷鸣，大雨噼里啪啦地落在田地里的时候，袁隆平一定会跨上他的自行车，一溜烟蹿到实验田，瞧瞧禾苗倒伏的情况，观察不同的水稻品种对风雨的承受能力。

有一些人想，袁隆平的成就这么大，一定很富有吧？的确，某机构评估出袁隆平的身价为一千多亿。可他们不知道的是，袁隆平实际上是个拿国家薪资的科学家，他每个月的全部收入也仅有四千多元人民币。

不过，袁隆平可满足了，他觉得这些收入完全够用。所以，他将国际上获得的大奖奖金都捐赠了出去。

袁隆平的金钱观很简单。他认为，如果太看重金钱，就很容易陷入其中而迷失自我。

他对自己特别"吝啬"，买衣服向来只买便宜货，坐飞机一定不坐头等舱。但他对别人却十分慷慨。

凡是袁隆平力所能及的事，他一定会热心地帮助别人。他资助过贫困的学生，也捐助过陷入困境的农民，还成立了"科技奖励基金会"。

袁隆平获得过无数荣誉，他是首届国家最高科学技术奖得主，浩渺的星空中有一颗以他的名字命名的小行星——袁隆平星，但这位白发苍苍的老人依然保持着低调的生活方式和务实的工作作风。他不仅是一位享誉中外的农业科学家，更是一位默默无闻的耕耘者。

渔王

人们的真正财富是劳动的本领。

——[古希腊]伊索

海风岛上有一位渔夫的捕鱼技术特别出众,岛民们尊称他为"渔王"。

夜晚,渔王点着油灯,坐在家中认真地织着渔网。他的梭子是他精心选取的青竹打磨出来的。在昏暗的灯光下,网线在梭子中穿绕,一张渔网在他手中渐渐成形。

次日，天才蒙蒙亮，渔王便带着他的渔网出海撒网捕鱼。多年的打渔生活，渔王早已掌握如何识潮汐、辨鱼汛。为了不惊动鱼儿，他的船划得非常缓慢。他耐心地在海面撒下渔网，随着渔网收紧，无数鱼儿在网中上下翻动。

许多渔民向渔王请教捕鱼的技巧，渔王总是仔细地将自己的经验传授给他们。

其实渔王的经验很简单，那就是实实在在地做好捕鱼的每一道工序，无论大家如何吹捧他的捕鱼技术，他也不忘初心，坚持脚踏实地。

亲爱的男孩，如果你想做成一件事情，一定要踏踏实实地从小事做起，积累经验。踏实的行动一定会换来实在的收获。

成长小魔棒

做最棒男孩的第二十个法宝：

踏实。

咒语："人"字，永远向上而又双脚踏地。

朴实的学者

春光如星子般散落在燕园,未名湖水光潋滟,岸边的垂柳随风飘荡。在这醉人的景色中,有这样一位老人,他身穿浅蓝色的卡其布中山装,脚踩一双圆头布鞋,手提着一只最简单的敞口手提包。他极为朴素的穿着与灿烂的春光很不搭调,但这却是他平时的衣着风格。

他就是季羡林,这位德高望重的老先生从不哗众取宠,也不虚张声势,一辈子都在低调、朴实地做人、作文。

季羡林出生在一个农民家庭,由于家中贫寒,小的时候,平时只能吃高粱面饼子。等到庄稼收割时,为了能吃上点儿"美味",他会提上小篮子,到割过的麦地里拾点儿麦子、豆子和谷子,让母亲磨成粉做点好吃的。或许,正是他小时候经历的这些事,让季羡林养成了朴实的性格。

他读过的书车载斗量;他出国留学十年,精通好几个国家的语言;他是世人眼中的"国学大师""学术泰斗",但终其一生,他都把自己看作一个平凡人,没有什么"身份感"。

在他任北大副校长期间,发生过一件趣事。新学期,有个学生扛着大包小包的行李来注册。这时，学生看到附近有个悠闲的老头儿，误以为他是保安，便把自己的行李一股脑儿交给"保安"看管。没想到，次日开学典礼上，这个"保安"竟然坐在主席台上，他竟然是北大副校长——季羡林先生！

季羡林为人从来没有架子，他把学生当成朋友对待。有一次，他的一名研究生要写硕士论文，需要用到古代刻本。但刻本藏在北京图书馆，非常珍贵，普通的学生并没有资格查看。季羡林知道了这件事，便赶紧陪自己的学生去图书馆调书借阅，学生在他的帮助下很顺利地完成了论文。

身居"高位"的季羡林先生，说话时总是

面带笑容，十分平易近人。同他相处，你绝不会感到紧张和局促，他的文章也像他的为人一样质朴。

在《清华园日记》里，他如实地记录了学生时期的心路历程。不论是学校发生的琐事，还是对老师和考试的不满，他都不加掩饰地写进日记里。

当日记出版时，编辑曾建议他做适当删减，以便让作品更完美地呈现他的个人形象。季羡林却选择坦荡地把一个有血有肉的青年人展现在世人眼前。

他散文的语言更是朴实无华，就像说话般与你娓娓道来。他总是站在与读者平等的角度，让读者顺着他的思路，从"小"中见"大"，去思索自己的人生。就连温家宝同志也称赞他的文章："如行云流水，叙事真实，传承精神，非常耐读。"

季羡林先生曾说："一个人一生是什么样子，年轻时怎样，中年怎样，老年又怎样，都应该如实地表达出来。"这不仅是他内心坚定的信念，更是他一生的写照。

如今，这位高才老人已告别世界，他不仅给我们留下了宝贵的文学财富，还留下了他那为人做事的朴实精神。

最"美"的书桌

朴实,是一种更高层次的高贵。

刘先林是中国工程院的院士,专门研制测绘仪器。他有一张被人称为最"美"的书桌。这张书桌并没有镶金戴玉,也不是用什么名贵木头制成的。

这张书桌的桌面上有着一道道疤痕,桌子原本暗红的漆色也被磨出黄黄的木色,它已经磨损得很严重了。

这张旧书桌,便是刘先林老院士的半生写照。它陪伴着刘先林度过日日夜夜,见证了各项科研成果的诞生。刘先林就像那张旧书桌一样朴实无华,从来不追求什么浮世虚名。

亲爱的男孩,朴实是一种我们从小就应该养成的品格。它不仅是一种生活习惯,更是我们对人、对事的态度。做人朴实,才能让你沉下心来,用心耕耘自己的那份土地。

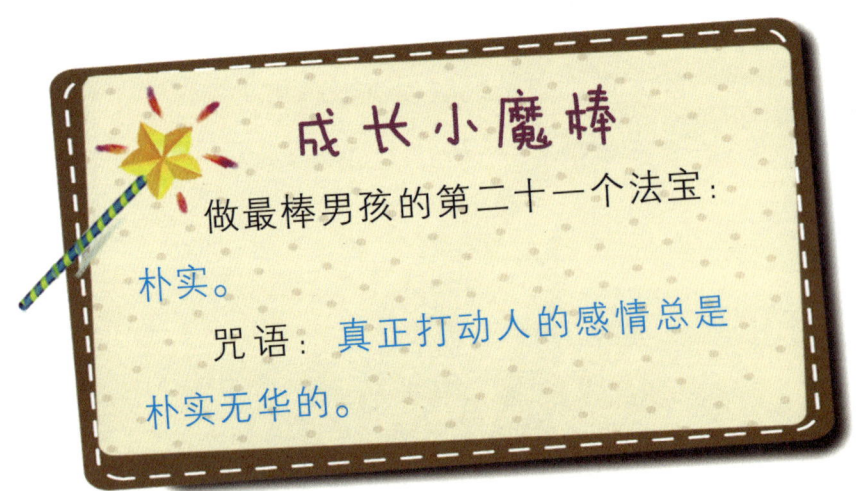

成长小魔棒

做最棒男孩的第二十一个法宝:

朴实。

咒语:真正打动人的感情总是朴实无华的。

"实心眼"文学大师

他是国内第一个研究莎士比亚的权威,为中国文坛留下了两千多万字的著作。他就是近代著名文学家、翻译家梁实秋。

梁实秋从小就是一个"实心眼"的孩子,他太老实啦,甚至还有点儿呆呆的,他因为"实心眼"还闹过不少笑话呢!

在学校读书的时候,无论寒冬酷暑,梁实秋从来都不迟到。

一天早晨,明媚的阳光透过最高的一格窗户,照进梁实秋的房间,映射在他的脸蛋上。躺在炕上的梁实秋揉揉惺忪的睡眼,待缓过神来时,他看见金灿灿的太阳,急得哇哇大哭——他以为自己要迟到了!

他立马急匆匆地往私塾赶去。梁实秋读的学校就在他居住的那条胡同里。结果,还没一会儿,他又返回家里来了。

他泪眼汪汪地走到一脸疑惑的母亲跟前,低着头啜泣道:"学校还没开门哩!"

母亲看着憨憨的孩子,不禁笑了起来。

慢慢地,梁实秋长大了。他对文学的兴趣越发浓厚,在他就读清华大学期间,他开始试着写散文,作诗歌,翻译小说……

27岁那年,梁实秋在国立青岛大学担任外国语学院系主任。其间,校长胡适请梁实秋、闻一多等四人翻译《莎士比亚全集》。

《莎士比亚全集》的翻译难度很大,就算是四个人一起翻译,也需要六到十年的时间!

可没想到,出于种种原因,其他三人没干多久就中断了。

梁实秋是个实在人,他思来想去,决定不当"逃兵",既然自己接下了这活儿,答应了人家的事情就要做好。

他开始忘我地工作起来。每天,他教完书后,就一头钻进了书房,埋头翻译莎士比亚的文稿。他的书桌上全是各种厚厚的翻译参考书,手边是一页页被写得密密麻麻的翻译文稿。

长时间、高强度的工作让梁实秋看起来清瘦了不少,但他翻译起来却更卖力了,仿

佛这书稿就是他的精神食粮。

38年过去了,梁实秋仍然没有放弃。最终,他终于不负胡适校长所托,完成了《莎士比亚全集》的翻译任务,创造了翻译史上的奇迹。

梁实秋身上的实诚劲儿让人钦佩,这种实心眼的个性伴随了他的一生。有人说,人在这个世界上活得越久,就会变得越圆滑。可梁实秋就算年纪大了,他在为人和做学问上还是那么实在。

晚年的梁实秋在台湾省立师范学院(后为台湾师范大学)担任英语系主任一职。一次,他向院长推荐了两位朋友来学校任教。可是才过了一年,他就请求院长,不要再续聘那两位朋友了。院长很疑惑,忙问梁实秋这是怎么回事。梁实秋直言不讳地说,他们两位教学不够认真。同事们都劝梁实秋别管闲事,可在梁实秋看来,只有踏踏实实地教书,让学生学到扎实的知识,才能称得上一名合格的老师。为了学生,他就算得罪了人、丢了饭碗又算得了什么呢?

梁实秋曾在《时间即生命》中写道:"如果想在有生之年做一点什么事,学一点什么学问,充实自己,帮助别人,使生命有意义,不虚此生,那么就不可浪费光阴。"

梁实秋的一生是充实的,实心眼的他不允许生命有一丝虚伪和虚假。他兢兢业业地教书育人,勤勤恳恳地写书、译书,他的文学和译作对后世产生了深远的影响。

"傻"马儿

老老实实最能打动人心。

——[古希腊]伊索

我曾在书上看过这样一个故事：

主人家养了两匹马，虽然家中并不富裕，但主人对两匹马儿照顾有加，希望它们能为自己多拉点货。

干活儿的时候到了，一匹马儿非常卖力，每次都能拉很多货，可是另一匹马儿却老爱偷懒，它拉的货要比另一匹马儿少得多。

主人对那匹偷懒的马儿说："马儿马儿，我节衣缩食，给你喂好吃的，你要好好干活儿，才对得起我呀！"

那偷懒的马儿才不理会主人呢。

一天，它们又各自拉着货上路了。刚走了不远，那偷懒的马儿又耍起了小聪明，它装出一副气喘吁吁、不堪重负的样子，停在路边。主人见了，只好将它身上的货卸下一些，加在另外那匹马身上。

偷懒的马轻松地跑了起来，它还不忘嘲笑另一匹马："你可真是傻，轻松一点不好吗？为什么要活得这么辛苦呢？"

这天晚上，主人拉着马去客栈住宿，店老板见其中一匹马身上驮满了东西，而另一匹马却只驮了一个小包袱，便指着那匹勤快的马对主人说："你用这匹马拉东西就够了，为什么要白白浪费草料钱，多养一只'懒货'？"

主人一听，觉得很有道理，回家后，他就把偷懒的马卖给了屠宰场。

在生活中，有很多人就像这匹实心眼的马儿一样，从不偷懒，总是埋着头专注地干活儿。

相比于那些耍小聪明的人来说，实心眼的人真的是傻吗？

他们才不傻呢，傻的是那些耍小聪明的人！

因为世界对每个人都是公平的，那些爱耍小聪明的人最终会吃大亏。

人生就像一个容器，你填进去什么，你就会变成什么样的人。只有实在做人，踏实做事，才能收获丰盈的一生。亲爱的男孩，晓玲姐姐希望你做个实在可靠的人，一步一个脚印地经营好每一天。

成长小魔棒

做最棒男孩的第二十二个法宝：

实在。

咒语：实在做人，诚恳做事。

永远的大师

很久以前,在上海大东门外的一所宅院里,一个聪慧的小男孩出生了。

男孩的家境优渥,他的父亲精明能干,母亲温柔贤淑,男孩还有两个哥哥,他们一家人过着幸福快乐的生活。

可好景不长,没过多久,男孩的父亲突发恶疾离开了人世。自此,在人际关系复杂、矛盾冲突极大的家族里,失去父亲庇护的男孩和母亲、哥哥过着艰苦的生活。

男孩的母亲勤俭持家,她的勤俭思想对男孩产生了很大的影响。男孩写字的草纸正面用完,反面还会接着用。穿破了的鞋子,他缝缝补补后又继续穿。

男孩一天天长大,他疯狂地汲取知识,学习古典文学,后来又出国留学深造,陆续发表多篇文章后,他的名字——胡适,也慢慢为人所知。

在那个风云动荡的年代里,胡适的两个哥哥,一个英年早逝,另一个浑浑噩噩,时常赌博酗酒,几乎败光了父亲留下的所有财产。孤身一人在国外求学的胡适,不得不想办法赚钱寄给国内的妻子以维持生计。

尽管那时兄弟情义早已淡漠，胡适也几乎自顾不暇，但他每个月还是会定期地寄学费和生活费给几个侄子。妻子看在眼里，记在心里。她受胡适的影响，有什么好东西也都会送去给侄子和嫂嫂。

胡适还偷偷地帮助过林语堂。

当时，林语堂在清华大学任教，他准

备去哈佛大学留学，可是只申请到清华的"半额奖学金"。听到这消息后，林语堂很失落，他以为自己的留学梦要泡汤了。

胡适听说这件事后，对林语堂说，如果林语堂愿意在学成归来后到北大教书，那么北大可以每个月补助他40美金。

林语堂立马就答应了。四年后，他学成后回到祖国，成为北大英文系的一名教授。他去找胡适，别人告诉他胡适已经南下养病。于是，他只好找当时的代校长蒋梦麟，感谢北大这几年对他的帮助。

蒋梦麟被林语堂一番真诚的感谢搞得一头雾水，毕竟北大从来就没有过类似的资助计划呀。直到这时，林语堂才恍然大悟，原来这一切都是胡适的"谎言"，是胡适自己掏钱资助林语堂的。

胡适除了在物质层面慷慨助人以外，在精神文化领域他更是耐心地指导别人。

胡适曾帮张爱玲修改文稿，为沈从文提写作建议，甚至连自己多年整理收藏的素材资料他都愿意送给别人。

胡适帮文史大师唐德刚修改《梅兰芳传》的时候，听闻他想写一部以胡适本人为主人公的人物传记时，便大方地分享了自己的生平，还提供了很多日记，给唐德刚当作写作素材和资料。正是由于胡适的慷慨，他在学术领域的人缘极好。

胡适能成为人人敬仰的大师，靠的不光是精湛的学术研究成果，更是他一贯的处世态度。

真正的富豪

慷慨收获幸福。

巴菲特是世界级的大富豪,他从小就对赚钱十分感兴趣。

在他还是个小学生时,就利用课余时间摆摊赚钱。虽然他很爱赚钱,但是他也很大方。

有一次,他在回家的路上遇到一个在路边乞讨的老人。老人穿着破烂的衣衫,面容憔悴,巴菲特便把自己一个星期的零花钱全给了老人。

巴菲特一直都秉承着慷慨的待人之道,他在慈善事业上从未吝啬过。

当他成为福布斯排行榜上排名第三的企业家后,他将自己的大部分财产捐给了慈善事业。在忙碌之余,他也不忘参加各种公益活动,筹办各种公益拍卖会,创办公益学校……

他是一个名副其实的大富豪,他不光拥有丰厚的财产,还拥有一颗慷慨的心。

他是一个传奇而伟大的人物,改变了世人眼中企业家唯利是图的刻板印象,他帮助了无数被贫穷左右的人,改变了他们的生活和命运。

亲爱的男孩，读了巴菲特的故事，你有什么感受呢？现实生活中，总有很多美好的事物需要与别人共享。当你学会慷慨，将自己的幸福分享给别人时，或许你可以收获到两份幸福。

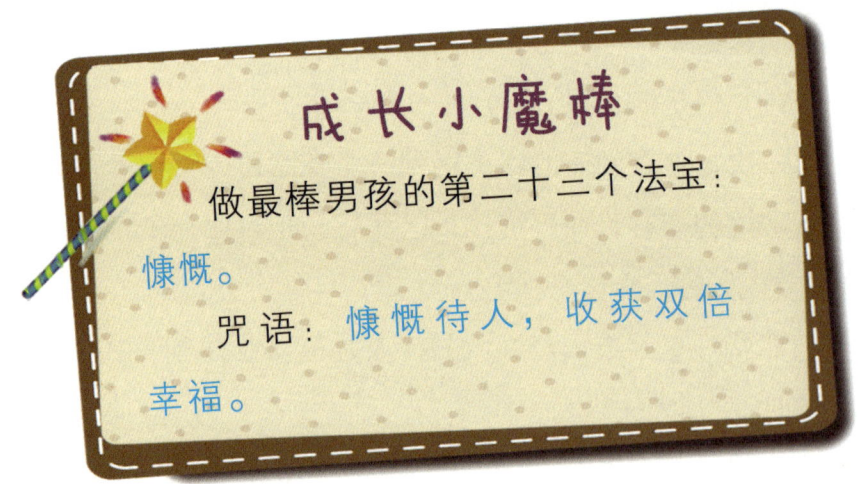

成长小魔棒

做最棒男孩的第二十三个法宝：慷慨。

咒语：慷慨待人，收获双倍幸福。

写作小王子

很多年前，在山东高密的一个小山村里，一个小男孩出生了。可是男孩的到来，并未给贫困的家庭带来太多的喜悦。

男孩长着一双小眼睛和一个扁平的大鼻子。他长得不帅气，甚至还有点难看，成绩也不怎么好。所以，在学校里他一直默默无闻。

但是，男孩十分喜欢文字，他整日沉浸于书上的各类故事中，还养成了写日记的好习惯。

上四年级时，男孩写了一篇作文。优美的辞藻和精简的文笔让语文老师瞬间眼前一亮。从那以后，男孩非凡的写作天赋终于被发现了。他成了班上的"写作小王子"，但凡有作文课，他的文章都会被当成范文来读。同学们很羡慕他，老师也时常向他投来赞许的目光。

后来，学校很多人都知道了男孩的名字。但是，男孩并没有因此而骄傲自满，他仍旧像往常一样，时常去找老师借书读，认真听从老师的写作建议，每次回家还不忘留心观察生活中的点点滴滴，积累写作素材。日积月累，他的写作能力得到了极大的提升。

　　时光飞逝，男孩一天天长大，他入伍当兵了。在部队的那段时间，他的写作才华再次展现出来。他接连发表了多篇小说，渐渐成了部队里小有名气的人物。

　　可他并没有因为这些成就而沾沾自喜，就此止步不前。他依旧每天躲在角落里捧着书本安静地细细咀嚼，不断地寻找新的写作思路和写作方法。他还虚心向其他人学习写作，和他们交流写作心得。

　　在经历了漫长的写作生涯后，他的《蛙》《红高粱》《檀香刑》等一系列佳作相继问世，在社会上广受好评。

他就是我国著名的乡土作家——莫言，他也是第一位获得诺贝尔文学奖的中国籍作家。他的获奖不仅让中国文艺界燃起了希望的火光，还鼓舞激励了大批青年作家。

当全国都在因为他获得诺贝尔文学奖而欢呼雀跃时，莫言还在高密的老家里，穿着破旧的衣服，帮父亲干着粗活儿。

听到莫言马上要去瑞典参加颁奖典礼，莫言90多岁的老父亲叮嘱他说："你获奖前和别人一样高，获奖后就要比别人矮半个头！"莫言心领神会，他以一种低调的姿态到达了颁奖典礼现场。

在典礼上，他平凡到一低头就会被淹没在人群里。轮到莫言发表获奖感言时，他稍稍有点紧张，也没有说什么豪言壮语。莫言简单地评价自己："我只是一个写故事的人。"所有的荣耀和光芒，所有的头衔和名号都化作了这句简单的话语。

莫言一路走来，没有在赞美声中晕头转向，没有在纷扰和焦躁中迷失自我。尽管他的文学素养已经很高，但他从未停下前进的步伐，时时刻刻虚心学习着，不断地进步着。

梅兰芳拜师

谦受益,满招损。

梅兰芳是我国著名的戏曲艺术大师,他将中华戏曲文化推向了全世界,完成了一次又一次戏曲艺术的创新和转型。

他出身于梨园世家,自小就酷爱戏曲表演。可就是这样一个举世闻名的戏曲艺术大师,为人却十分谦虚。

有一次,梅兰芳演出结束后,他还没退场,就看到坐在台下的一位老人不停地摇头叹息。

梅兰芳来不及到后台去卸妆换衣,急忙拦住即将离开的

老人。随后，梅兰芳礼貌地请老人吃饭，询问他摇头叹息的原因。

原来，是梅艳芳在演出时走错了一次台步。老人说完后，梅兰芳恍然大悟，当场就拜老人为师。

之后，每次自己有演出时，梅兰芳都会请老人来免费观看，让老人帮他纠错。

亲爱的男孩，谦逊是一种美德，谦逊是一种修养。山外有山，人外有人，自傲会使你走下坡路。人生的路很长，保持着谦逊的态度做人做事，能让你的人生之路走得更加平稳。

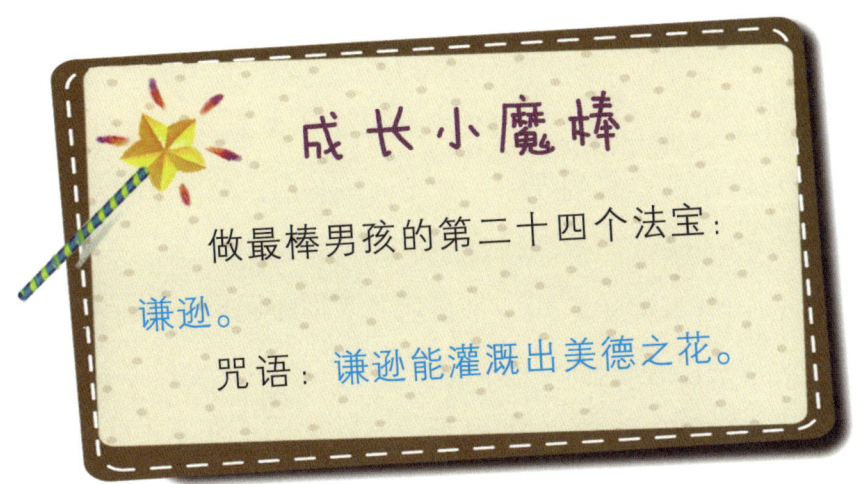

成长小魔棒

做最棒男孩的第二十四个法宝：

谦逊。

咒语：谦逊能灌溉出美德之花。

人生难得是素心

在有些人眼中，人生最快乐的事就是大富大贵、锦衣玉食。然而，钟南山爷爷却不这么想，他说："如果认为钱是快乐之源，就很容易成为金钱的奴隶，会被钱控制，会疲惫，甚至会失去自我。"

钟南山爷爷是享誉世界的医学专家，在"非典"时期和新冠肺炎疫情中，他做出了不可磨灭的贡献。他是许多人心目中的"保护神"，他更是一座高山，用自己坚毅挺拔的身躯，挡住了可怕的病魔，时刻守护着千千万万人的生命。

这样一个国宝级的专家，完全有能力过上优越甚至是奢华的生活。但实际上，他的日常生活非常朴素。

钟南山爷爷住在广州一个普通的老旧小区里，房子仅仅才有80平方米，客厅显得十分狭小。

装修陈旧简陋，屋内的家具一看就是用了许多年的，破旧极了。柜子的柜门歪了，沙发中间都凹陷下去了，沙发布洗得发白。客厅的天花板上，挂着一台年代久远的蓝色旧吊扇。房间的一角，还整齐地叠放着几个干净的纸包装盒，以便重复

利用。

更让人大跌眼镜的是，阳台和客厅之间仅仅用一张简易的布帘隔开，门窗上的漆皮都掉了。

你一定很难想象，这个朴素甚至有些简陋的房子里住着一位声名赫赫的院士。

别看房间简陋，钟南山爷爷家里有好些有趣的物件呢！它们对于钟南山爷爷有着特别的意义。现在，让我给你讲讲两件特别有意思的物件吧。

第一件有意思的东西是一枚生锈的铁钉。它被钉在钟爷爷家破旧的门框上。这可不是一枚普通铁钉，它见证了钟南山爷爷与"非典"战斗的许多个日夜。

2003年，"非典"来势汹汹，钟南山爷爷废寝忘食地奋战在抗击"非典"的一线。为了抢救病人，67岁高龄的他连续工作38个小时，因为过度劳累，抵抗力衰弱，他感染上了普通肺炎。

钟南山爷爷主动要求在家隔离。没有专业的吊瓶架，他就在家里的门框上钉了一颗钉子，用这颗钉子挂吊瓶输液。后来，肺炎好了，这个钉子却留了下来。2020年，我们再次见证他为国出征，抗击新冠肺炎疫情。

第二件有意思的东西是一根用旧水管做成的"单杠"。天花板下方，有一根用旧水管做成的"单杠"。钟南山爷爷经常在这里做引体向上。

钟南山爷爷热爱健身，可他没有花钱去请昂贵的私教，也没有去高档健身会所健身。他的爱人李少芬就是他的"私教"，家就是他的健身房。

在这个朴实无华的小屋里，钟南山爷爷和爱人相濡以沫几十年，日子过得平淡而幸福。

他的座驾，是一辆开了十多年都不舍得换的平价旧车。平常出现在公众场合，他也穿得十分朴素。他曾云淡风轻地说："我们家从来不谈钱，只谈学术。"

2020年8月11日，钟南山爷爷被授予"共和国勋章"。面对这样至高无上的荣光，钟爷爷显得格外淡然。

世人挖空心思追求的名利富贵，于他却是过眼烟云。在这个物欲横流的时代，钟爷爷以朴素的心应对世间的纷纷扰扰和种种诱惑，埋头钻研医学。他的格局和眼界，早已超越了金钱、名誉的局限，投向了更为广阔的天空。

大道至简，返璞归真，倘若我们能和钟爷爷一样，用一颗朴素的心坦然面对世界，追求精神上的丰富而非金钱上的富足，就能获得心灵真正的安宁与自由。

朴素是一种美德

穿戴朴素而有声誉,胜于自诩富有而默默无闻。

季文子是春秋时期著名的外交家。季文子平时十分朴素,只有朝服等几件稍好的衣服,出行乘坐的马车也很简朴。他的妻子穿的也是粗布衣裳,就连他家的马吃的都是谷糠、杂草,完全没有富贵人家的气派。

有个人见季文子生活那么节俭,便劝道:"您可是我们鲁国的大官,您的吃穿住行这样寒酸,别国的人会笑话您的。这样会有损我们鲁国的名声!您为什么不改变一下生活方式呢?这样对国家,对自己都好。"

季文子听后,严肃地说:"我也想过得舒服,可一想到我们国家的百姓还在吃着粗粮,有的甚至衣不蔽体,正在挨饿受冻,我身为一国之臣,怎么忍心去过自己的富贵生活呢?并且,一个国家的繁荣,靠的是臣民的高洁品行,徒有光鲜的外表有什么用?"

听了季文子的回答,那个人十分羞愧,从此,他也变成了一个朴素的人。

有的人外表普通,衣着简朴,但当你靠近他,听他说话时，你就会忽略那些外在，被他深深的内在品性所吸引。这种人不会花费太多精力在外表上，他们最在意自己的精神生活和道德品质。

亲爱的男孩，朴素是一种美德。那些外表朴素却内在丰富的人，犹如皑皑白雪之下的山川，有一种大气的不凡风度。

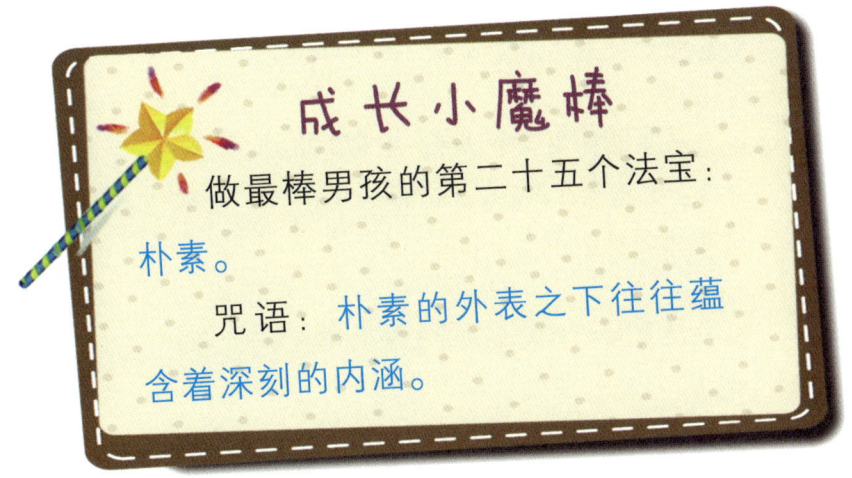

成长小魔棒

做最棒男孩的第二十五个法宝：

朴素。

咒语：朴素的外表之下往往蕴含着深刻的内涵。

附录 做最棒男孩的二十五个法宝

做最棒男孩的第一个法宝：保持真诚和善良。

咒语：一两重的真诚，等于一吨重的聪明。

做最棒男孩的第二个法宝：保持乐观。

咒语：乌云后面依然是灿烂的晴天。

做最棒男孩的第三个法宝：幽默。

咒语：幽默是智慧的闪现。

做最棒男孩的第四个法宝：知足常乐。

咒语：快乐的秘诀就是容易满足。

做最棒男孩的第五个法宝：保持纯真。

咒语：永怀童心，拥有最简单的快乐。

做最棒男孩的第六个法宝：热爱生活。

咒语：热爱生活的人，生活也爱他。

做最棒男孩的第七个法宝：发现生活的美。

咒语：发现生活的美，生活才有更多趣味。

做最棒男孩的第八个法宝：学会独处。

咒语：独处是驱赶浮躁的良药。

做最棒男孩的第九个法宝：有爱好。

咒语：爱好是平淡生活的"调味剂"。

做最棒男孩的第十个法宝：活得精彩。

咒语：人生是一本精彩的书，值得细细品读。

做最棒男孩的第十一个法宝：坚守内心。

咒语：一颗纯净的心远比金子还珍贵。

做最棒男孩的第十二个法宝：百折不挠。

咒语：胜利者不一定是跑得最快的人，而是最有耐力的人。

做最棒男孩的第十三个法宝：挑战自我。

咒语：最具挑战性的挑战就是提升自我。

做最棒男孩的第十四个法宝：不气馁。

咒语：坚持不懈，无事不成。

做最棒男孩的第十五个法宝：不怕吃苦。

咒语：宝剑锋从磨砺出，梅花香自苦寒来。

做最棒男孩的第十六个法宝：坚毅。

咒语：坚毅是炼成钢铁意志的熊熊之火。

做最棒男孩的第十七个法宝：勤奋。

咒语：天才出于勤奋。

做最棒男孩的第十八个法宝：自律。

咒语：如果你想征服全世界，你就得先征服自己。

做最棒男孩的第十九个法宝：良心。

咒语：良心是与生俱来的，不可推卸的。

做最棒男孩的第二十个法宝：踏实。

咒语："人"字，永远向上而又双脚踏地。

做最棒男孩的第二十一个法宝：朴实。

咒语：真正打动人的感情总是朴实无华的。

做最棒男孩的第二十二个法宝：实在。

咒语：实在做人，诚恳做事。

做最棒男孩的第二十三个法宝：慷慨。

咒语：慷慨待人，收获双倍幸福。

做最棒男孩的第二十四个法宝：谦逊。

咒语：谦逊能灌溉出美德之花。

做最棒男孩的第二十五个法宝：朴素。

咒语：朴素的外表之下往往蕴含着深刻的内涵。

童话女皇 晓玲叮当作品

《淘皮鼠系列童话故事》

《淘皮鼠逆商系列玩具书》

《藏在成语里的历史》

《非常成长书》

《小飞仙美德图画书》

《奇幻仙踪》

图书在版编目(CIP)数据

那男孩真棒 / 晓玲叮当编著. — 广州：新世纪出版社，2023.12
（非常成长书：男孩版）
ISBN 978-7-5583-2649-3

Ⅰ.①那… Ⅱ.①晓… Ⅲ.①心理健康－健康教育－少儿读物 Ⅳ.①G444-49

中国版本图书馆CIP数据核字(2020)第236267号

那男孩真棒
NA NANHAI ZHEN BANG

著　　者：	晓玲叮当
出 版 人：	陈少波
责任编辑：	许祎玥
责任校对：	毛　娟
责任技编：	王　维

出版发行：新世纪出版社
（广州市越秀区大沙头四马路12号2号楼）
经　　销：全国新华书店
印　　刷：雅迪云印（天津）科技有限公司
规　　格：710mm×1000mm　　开　本：16 开
印　　张：9　　字　数：90千字
版　　次：2023年12月第1版　　印　次：2023年12月第1次印刷
定　　价：35.00元

质量监督电话：020-83797655　购书咨询电话：020-83781537
版权所有，侵权必究
如发现印装质量问题，请寄回本社图书发行公司调换，服务热线：0791-86512056